# 池波正太郎が通った〔店〕

馬場啓一

いそっぷ社

# 池波正太郎が通った〈店〉

——目次

# 【銀座・日本橋】

## 神田

## 浅草・上野他

## 赤坂・渋谷他

## 【横浜・静岡他】



## 【京都・奈良】

## 【大阪・三重】



## 【名古屋・滋賀他】

## 【長野・金沢】

装幀／長坂勇司
写真提供／文藝春秋（表紙は「並木藪蕎麦」にて。
別丁扉は「山の上」にて）
地図作成／ワークスプレス

# 東京・横浜ほか

☞ 巻末マップ①～⑪頁

# 煉瓦亭【れんがてい】（洋食）

私が、もっとも好むポーク・カツレツは、銀座三丁目の〈煉瓦亭《れんがてい》〉と、目黒に本店をかまえる〈とんき〉のそれである。

『食卓の情景』新潮文庫１４９頁

東京都中央区銀座3-5-16
TEL／03-3561-7258
営／11時15分～15時（14時半ＬＯ）、16時40分～21時（20時半ＬＯ）
休／日曜

❖MAP ②頁

おそらく日本で最も有名な洋食屋である。味もサービスもよく、だからいつも繁盛しており、夕方などよほど運がよくないと並ばずには入れない。そしてそれほどの人気であってもきちんと昔の味とやりかたを守っている。これがこの店を日本一の洋食屋にしている理由である。

街の洋食屋という出自を守り、昔風のガラスの戸を押して入ると、奥からプーンといい匂いがしてくる。ドミグラ・ソースである。獣の肉を人間の口に合わせるために太古から料理人は様々な工夫をして来たが、西洋料理におけるドミグラ・ソースなどソース類の成立はその最たるものであった。当然これは日本人にも心地良いもので、洋食屋の匂いはソース類の匂いでもあった。

日本人の好む洋食とは何かを求めて、創業明治二十八年の歴史を誇る〈煉瓦亭〉が、この匂いの威力に気付かぬはずはなく、ちょうど〈うなぎ屋〉が道行く人をその焼く匂いで引き付けるように、店に入った客をまずソースの香りでフラフラとさせようとする魂胆に違いない。やるものである。

小さな一階のフロア以外に、二階、三階、地下とあって、その繁盛ぶりを見せつける。筆者は地下に通されたが、地下特有の湿気なぞ微塵《みじん》も感じさせず、よく気を配っていた。〔ポーク・カツレツ〕と〔スパゲティ・ミートソース〕を頼み、ビールの小瓶《こびん》で喉《のど》を潤《うるお》す。〔ポーク・カツレツ〕も二千円の普通の以外に、上級の肉を使ったものや大型のもの、それにヒレを使ったものなど、種類が豊富である。しかし普通ので充分美味しい。サイズも満足の行く大きさであり、厚さである。ただし最後まで食べていると、残った端は脂《あぶら》ばかりであった。きっとこのあたりが並と上級との差が出る部分なのであろう。

ライスを頼まず〔スパゲティ・ミートソース〕を所望する。こちらは太めの麺《めん》をややじっくり茹《ゆ》でてある。〔アル・デンテ〕ではなく〔じっくりデンテ〕なのが洋食屋のスパゲティの特色であろうか。たっぷりのミートソースがからまっている。味はまずまず。最近は銀座にもスパゲティの専門店が増えたから、これは激戦区である。

ビールは〔キリンのラガー〕で、一時期日本で最も飲まれていたビールだ。苦味が効いていて美味しい。初めて父親のコップに口を付けて飲んだ時のビールの味がする。こんなに苦いもの、どこが美味しいんだろうと、誰でも思ったあの味だ。久し振りの〔キリン・ラガー〕が大変美味しかった。保存と回転が良いのか。

〔煉瓦亭〕の味は久し振りに堪能したが、さすがに老舗《しにせ》の力量を感じさせるものであった。こういう洋食屋が街に一軒あるととても便利で幸せになれる。そういう洋食屋である。

**〔おすすめメニュー〕**
上カツレツ 2200 円、ポーク・カツレツ 2000 円、
ハヤシ・ライス 2300 円、明治誕生オムライス 2100 円

# 寿司幸【すしこう】（鮨）

東京都中央区銀座6−3−8
TEL／03−3571−1968
営／11時半〜22時（21時LO）
休／無休（臨時休業あり）
❖MAP ③頁

この店へ来て、先ず感じることは、店の主人の、客へ対する〈こころづかい〉である。それは、単にサーヴィスということだけではない。この店で出す酒の肴《さかな》、鮨のありように、私は、その〈こころづかい〉を感ずる。『散歩のとき何か食べたくなって』新潮文庫155頁

銀座というより数寄屋橋《すきやばし》に近い。数寄屋通りに店を構える、銀座を代表する鮨屋である。立派な店構えで、値段もそれに相応《ふさわ》しい。接待やそういう機会でないと行けない。二階には落ち着いた個室もあって、鮨割烹《かっぽう》といった感じの料理を出す。十数年前に跡取りの杉山さんという御主人を紹介されたことがある。大企業のエリートのような押し出しのよさがあった。銀座の名店を守って行くという気構えは、企業の後継者と同じかそれ以上の堅固な意志を必要とするものらしい。

今日ではまずほとんどの銀座の店が会社組織になっている。個人商店でやっていくには銀座の土地は高くなり過ぎたのである。相続税を払っていたら、店を売らなくてはいけなくなってしまう。そうならないように、法人にしてしまうのである。これは仕方のないことだろう。

そのために、子供はしっかりと良い学校へやる。だから教育係としての母親の役目は重要だ。昔は商人や職人のせがれが大学に行くなどとは考えられなかったわけだが、今は違う。ざっと見渡し

ても、銀座の一流どころの店の跡取りはいずれも名のある大学へ行っている。銀座だから、派手な商売だからと、チャラチャラしていたのはもうずっとずっと昔の話である。今では一種のエリート商業団体となっているのが銀座の旦那衆《だんな》なのである。高い価格に見合ったサービスを提供することこそが自分たちの店の繁栄につながると信じている。わけのわからない客は相手にしなくてもいいと思っている。プロであり、プロの客を相手にするプロの店なのだ。

この店に入り、L字型の白木の台の前に座って、冷えた酒とつまみをもらい、のんびり飲む時の気分は最高である。ひっそりとしているのがいい。わんわんと大音響の中で飲むのはせいぜいがビア・ホールくらいで、酒は基本的にひっそりと飲むものである。ひっそりとではあるが、しかしそこは明るくやる。これが旨《うま》い酒の飲み方ではないか。

カウンターの向こうの職人さんと軽い応酬《おうしゅう》を続けながら、間合いを見つけて行く。職人さんの方も、酒が切れていないか、つまみは足りなくないかと目配りをしながらフットワークよく客をさばく。これは立派な芸である。芸が言い過ぎなら技《わざ》だ。そして銀座はこういう技を持った職人で成り立っている町である。池波がこよなくこの町を愛したのも、職人たちの中に身を置くことで一種のやすらぎを見出したからに他ならない。その典型を〔寿司幸〕に見る。中途半端が嫌いな池波にとって、この店の主人の心遣《づか》いや、サービスの基本が心地良かったのであろう。そういった気配りが、一杯の酒を一個の鮨を、どれほど美味しくするかを、彼は客として究《きわ》めたのである。白身の魚、この日はシマアジであった、と冷えた日本酒とビール。ちょこちょこ握ってもらって、お一人様二万円ほど。

**〔おすすめメニュー〕**
おまかせで2万5000円から、ちらし3850円。予約可

# 羽衣【はごろも】（中華）

きょうは久しぶりで銀座へ出て、まず七丁目の〔羽衣〕へ行き、包子《パオズ》で生ビール（小）をのむ。さらに米粉《ビーフン》の炒《いた》めたものを食べてからコーヒー。『池波正太郎の銀座日記［全］』新潮文庫17頁

東京都中央区銀座7—12—14
大栄会館地下1階
TEL／03—3542—8560
営／11時〜15時、17時〜22時
休／日曜、祝日
❖MAP ③頁

池波のように戦前に少年時代を過ごした人間には、大陸すなわち中国に対する格別な思い入れがある。戦前の中国は日本人にとって、他国のようで他国でないといった不思議なニュアンスを持っていた。特に満州は日本が傀儡《かいらい》政権を作った土地だから、日本の弟分のような格好で、実になんとも形容のしにくい存在であった。戦争に負けて大陸から多くの日本人が引き揚げて来た時、彼らが持ち帰ったものの中に、〔餃子《ギョーザ》〕や〔包子〕がある。〔餃子〕は戦前から日本にあったとする説も存在するが、少なくとも本格的に広まったのは戦後のことである。

〔餃子〕という言葉には、だから戦後の匂いがある。六三制とか、闇市と共通する匂いである。一方、〔包子〕の方は〔餃子〕ほどは広まらなかったが、それでも古き良き時代の満州を感じさせる食物として中年以上にファンが多い。世界を見渡しても、小麦粉で作った皮で具を包んで蒸《む》す方式の食べ物は、イタリアの〔ラビオリ〕やメキシコの〔ブリトー〕など、同類を多く見かける。人間

はどこでも似たようなことを考えるのである。
それはとにかく、〔羽衣〕は戦後派の中華である〔餃子〕や〔包子〕を売り物にメキメキ売り出してきた店として知られる。出始めた頃はその大陸的なパワーとスタミナを看板にして、新し物好きな東京っ子を喜ばせたものである。ニンニクが多量に入った本格的な味の〔餃子〕をおみやげにしてもらってタクシーに乗ると、かなり気をつかってしまう羽目になる。〔羽衣〕はそういう店であった。

こういう出自を持つ店だから、本来池波が好んだ中華の店よりも、数段本格的。香草や中華料理ならではの調味料を使って作られる料理が多いのである。〔包子〕はそれでも刺激の少ない方だが、スープや麵《めん》には独特の香りが漂う。

銀座七丁目の〔羽衣〕は地下にあり、かなり広い店だが、近くのサラリーマンで昼食時は混雑する。結構な数のテーブル席がいっぱいになって、ワンワンという感じで食事をしている様子は、それこそ大陸的である。

夕方も同様で、ここで腹を満たしてからバーやカラオケに行くOLやサラリーマンで賑《にぎ》わう。池波の好みとはやや離れるのだが、それでもここを贔屓にしたのは、その大陸感覚がどこかで少年の日の想いを蘇《よみがえ》らせるからであろう。戦前の日本人は、老いも若きも大陸に一種の夢を託していたのである。ビールと〔包子〕に米粉すなわち〔ビーフン〕の炒めたものを取って三千円ほどである。そういえば〔ビーフン〕も、大陸を感じさせる食べ物である。こういう料理を食べながら、池波は戦前の良き時代を想い起こしていたのであろう。

**〔おすすめメニュー〕**
餃子 700 円、包子 800 円、コース 4500 円から

# 資生堂パーラー【しせいどうパーラー】（洋食）

戦後の三十年間、すべてが目まぐるしく変ったのに、ここの味だけが変らぬ。変らぬままに、戦前の繁栄をも持続している。
『散歩のとき何か食べたくなって』新潮文庫10頁

東京都中央区銀座8―8―3
TEL／03―5537―6241
営／11時半〜21時半（20時半LO）
休／月曜

❖MAP ③頁

銀座通りを四丁目の和光から新橋の方へ歩いて右側、仲條正義《なかじょうまさよし》デザインのローマ字ロゴで〔シセイドー・パーラー〕の看板が目に入る。〔ティファニー〕の銀座本店の開店披露《ひろう》に呼ばれた後、〔資生堂パーラー〕一階の喫茶部で冷たいミルク・ティを飲む。〔ティファニー〕が朝早く、午前十時に開店披露を行なったのは、どうも「ティファニーで朝食を」にあやかってのことであるらしかった。しかし、朝からわざわざ電車に乗って銀座にやって来て、シャンペンを出されても、あまり気分が出ない。旧知の広告代理店の幹部の方のお招きであったが、こういうのはやはり「夜」やって欲しいよね、と知人と話しながら銀座通りを行き交う人を眺めていると、地下の〔資生堂パーラー〕の開店時間である。

いそいそと地下に階段で降りると、もうそこは美味しいものを食べさせるレストランだけが持つワクワクするような気分が漂っている。

池波は同じビルの三階の方のレストランに通っていたようだが、今日は地下である。昼間はランチがあって、他のお客さんはほとんどそちらを食べているが、ここはしっかり〔ミート・コロッケ〕と〔ハヤシ・ライス〕、それにオードブルとして〔スモーク・ダック〕をもらう。〔ティファニー〕でのシャンペンが入っているので、ワインをグラスで頼む。

〔スモーク・ダック〕はビーフ・ジャーキーほどのサイズで四きれだが、グラス・ワインはなかなかにしっかりした味で、よろしい。〔ミート・コロッケ〕に〔ハヤシ・ライス〕をワインでいただくのは、いかにも〔資生堂パーラー〕である。ビールよりワインにしてしまいたくなる雰囲気を持ったレストランなのだ。

それぞれに美味しく食す。〔ミート・コロッケ〕はクリーミーな内側と、それに対しカラリと揚がった皮がさすがであるし、ドミグラ・ソースをベースにした〔ハヤシ・ライス〕はレストランと洋食屋の中間の味。要するに〔資生堂パーラー〕とはそういう店である。

資生堂のレストランとしては同じビルの七階にある〔ロオジエ〕（現在は銀座七丁目の資生堂本店に移転）と、日比谷公園を臨むビルの上の方にある〔キュイジーヌ・シセイドー〕（現在は閉店）とあって、それぞれ食べたが、最も親しまれているのはやはりここだろう。それにしても、オーセンティックな「フランス料理屋」と、ヌーベル・キュイジーヌを売り物の「レストラン」、それに洋食屋の面影を残した「パーラー」の三種を擁《よう》する資生堂は偉い。

（資生堂パーラーは二〇一九年のリニューアルで装いを一変させた。本文中にある喫茶は現在は三階、レストランは四階と五階で営業している）

**〔おすすめメニュー〕**
チキン・ライス 2300 円、海の幸のマカロニグラタン 2100 円、
ミート・コロッケ 2600 円、ビーフカレー・ライス 3000 円、
ランチのコースは平日 4400 円から、土日祝 6500 円から（サ別）

# 東京凮月堂本店【とうきょうふうげつどうほんてん】（喫茶）

満腹となって外へ出る。つぎに近くの凮月堂《ふうげつどう》へ入り、好物の柚子《ゆず》のシャーベットにコーヒー。『池波正太郎の銀座日記［全］』新潮文庫113頁

東京都中央区銀座2-6-8
TEL／03-3567-3611
営／11時～18時
休／無休
❖MAP ②頁

池波の味の守備範囲はまことに広い。これまで多くの作家や文化人の食べ物に関するエッセイを読まされたが、池波ほど様々なジャンルに手を出している作家はいなかった。特にこういう甘味についての記述は彼の個性がにじみ出ている部分で、これが特筆されるのは、大の大人が甘い物について語るのを認めてこなかった日本のジャーナリズムの偏狭《へんきょう》さを、はからずも示すことになった。大人の男は酒飲みでなくてはならず、酒飲みは甘い物は苦手でなくてはならぬとした狭い了見の我が国の食べ物通は、ひどい考え違いをしていたのである。それを池波は特に声を荒だてるでもなく、さらっと甘い物について語ることで正したのである。

筆者は酒飲みを自認するが、実は甘い物にも目がなく、この年でも糖尿の気がまるでないのをいいことに〔氷金時《きんとき》〕とか〔茹《ゆ》で小豆《あずき》〕といった日本風の甘味を町なかで食べることがある。町歩きで疲れた時など、こういう甘味はまことにいいものである。池波も、そういう意味で、生活の句読

点として随所で甘味に親しんでいるのを知る。酒ばかり飲んで、ろくに食べ物について書かないこれまでの作家たちのエッセイが、幼児的に見えるから不思議である。

京橋から新橋へと続く銀座通りは、古い昔の銀座を感じさせる通りである。現在《いま》では晴海通りの方が、交通の便からであろうか、賑《にぎ》やかな感じがするが、正統派の銀ブラ族は、こちらの通りを愛したのであった。地下鉄の駅でふたつ分の距離は、歩くのにちょうどよい。〔東京凮月堂銀座本店〕はこの銀座通りの京橋寄りにある。

〔柚子のシャーベット〕は古き良き時代の銀座を思い出させるような味で、銀座が東京で唯一無二の都会的な盛り場だった頃がしのばれた（今はメニューにない）。大人の甘さとでも表現するべき味である。二日酔いの朝には効き目がありそうな、スッとした酸味が心地よい。銀座は夜の酒場の繁盛だけが近年クローズ・アップされ過ぎ、健全な昼間の文化を紹介することが少なくなっている。これは東京に他のアミューズメント・スポットが増え、ショッピング・ゾーンとしての銀座のありがたみが減ってしまったことに関わっているが、それでもいまだに銀座はやはり老舗の風格を持っているし、街の王者である。

一階は売り場で、二階が喫茶。この〔凮月堂〕の椅子に座って、大きなガラスの窓から道行く人を眺めていると、今日の平均的なよそ行きファッションがどういうものであるかがわかる。銀座通りを歩く時は、他の街を歩く時より数段緊張する、ともらす人は多い。銀座が街として最高だった時代を知っている池波には、ここはそういう昔の隆盛を思い出させてくれる得難い場所だったのであろう。

**〔おすすめメニュー〕**
ビーフシチュー2860円、サンドイッチ1760円

# 銀座天國【ぎんざてんくに】（天ぷら）

〔天國〕へは、いまも、よく行く。いまの私は、ここの天丼《てんどん》だ。（すこし、腹がくちいな）と、おもっても、ここの天丼だと、すっと腹の中へおさまってしまう。やはり、むかしから食べ慣れた味だからなのだろう。『散歩のとき何か食べたくなって』新潮文庫153頁

東京都中央区銀座8－11－3
TEL／03－3571－1092
営／11時半～22時
休／日曜
❖MAP ③頁

銀座でも新橋に近い銀座通りのはずれにあるのが天ぷらの〔天國〕（二〇二〇年に移転したため、現在の店舗は銀座通りから少し離れたところにある）。近くには〔橋善〕もあった。共に池波の愛した天ぷら屋である。銀座の〔天國〕は小綺麗《ぎれい》な銀座らしい店構えで、客が安心して食事できるたたずまいを備えている。天ぷら屋というのはどこか粋《いき》なこしらえがあるものだが、〔天國〕は家庭的な雰囲気に徹している。

ここでは〔天丼〕がABCとクラスに分かれている。中間の〔B天丼〕というのをもらう（現在はAとBのみ）。他に〔卵豆腐〕を注文し、酒を頼む。日本酒を冷やで。お通しが付く。小ぶりな丼《どんぶり》に海老と白身の魚の天ぷらが入っている。タレがとてもよくて、御飯に馴染んでいる。和食の御飯の基本は、パラっとした米の飯にタレ、もしくは辛いおかずをからませるところにある。これが美味しく食べるポイントだ。特に丼物は御飯の基礎だから、タレの存在が重要。逆に言うなら、

タレさえ大丈夫なら上の具はその勢いで食べさせてしまう。ファストフードの天丼屋が繁盛しているのは、このポイントを押さえているからだ。〔天國〕の〔天丼〕はこのセオリーをきちんと守っており、立派な〔天丼〕である。

タウン誌の老舗で、池波が「銀座日記」を連載していた『銀座百点』が、九六年七月に五百号記念を出し、そこに池波の「銀座日記」時代の話が登場している。池波は新国劇の座付作者から小説家になり、直木賞を得て作家としての地位を確立した人物だが、世に出る前の時代にはかなり苦労していた様子が、その証言からはうかがえる。人間には誰にも世に出る前の時期があるものだが、池波の場合は成功してからはあまりその苦労を外に出さなかった。つまり、いきなり成功したようなイメージがあるが、実はそれは彼一流の演出だったことが、これを読むとよくわかる。

銀座はそういう池波にとって、功成り名を遂げた後にあらためてゆっくりと訪れる最後の土地だった。彼の中でこの街はひとつの理想の場所として位置付けられる。銀座の店を紹介する文章の端々《はしばし》からこれはうかがえ、それが読む者の心を動かす。彼の「銀座日記」が他の銀座エッセイと異なるのはここのところで、長く続いた理由もここにある。

なんでもない天ぷら屋である〔天國〕も、池波の中ではひとつの理想の店に昇華していて、ここで天ぷらを食する喜びが素直に、そしてしみじみと出ている。彼にとっては少年時代からの苦労をすべて洗い流してくれる街、それが銀座であり、老舗の店々だった。取材で訪れた多くの店で、その片隅で今もひょっこり池波が現われそうな思いにかられたのは一度や二度ではなかった。すべては彼の銀座に対する思いがこちらに乗り移った結果である。

**〔おすすめメニュー〕**
天丼(A)1870円（B)2420円、かき揚げ丼3630円、
天ぷら盛り合わせ(梅)2200円（竹)2750円（松)3190円

# てんぷら近藤

【てんぷらこんどう】

（天ぷら）

夕飯は、ホテルの天ぷら〔山の上〕へ行く。ここの調理主任の近藤文夫君は、まだ二十代のはじめに、このホテルの天ぷらを、ほとんど〔独学〕で揚《あ》げはじめ、苦労を重ねて今日に至った。その苦労は、いま見事に仕事と人柄《ひとがら》の上に実っている。『池波正太郎の銀座日記［全］』新潮文庫93頁

東京都中央区銀座5−5−13
坂口ビル9階
TEL／03−5568−0923
営／12時〜15時（13時半LO）、17時〜22時（20時半LO）
休／日曜、祝日の月曜
❖MAP ③頁

独学で天ぷらの揚げ方を究《きわ》めたというこの店主は、独立して銀座に〔てんぷら近藤〕を開店した（「山の上」70頁参照）。わずか十二席ほどの小体《こてい》な店であるが、場所は並木通りのカルティエの裏手、最高の立地である。

余計なお世話だが、さぞ地代が高いだろうと心配しながら、席に着く。

モダンなデザインの店内はカフェ・バーのようにキラキラしているが、座った感じは悪くない。落ち着く。店の人たちの心遣いがよく行き届いているからであろう。ランチのメニューは〔菫《すみれ》〕と〔椿《つばき》〕の二種類。それぞれ八千八百円と一万二千百円である。菫をお願いする。椿との差は、小鉢《こばち》や刺身の違いであるらしい。

〔キリン・ビール〕の中瓶でのんびり天ぷらが揚がるのを待つ。予約して行ったのだが、満員である。平日の、雨模様の銀座で、こんなに繁盛しているのはめでたい。

ブロードウェイの俳優でジェリー・オーバックに似た店主自らが揚げている。若い助手の男性もキビキビしている。ジェリー・オーバックは（物故したが）晩年にディズニーのアニメーション映画「美女と野獣」でキャンドル・スタンドのルミエールの声を担当して、達者な喉《のど》を聴かせてくれた。日本ではまず知られていない。

もずくで一杯やっていると、アスパラや玉葱《たまねぎ》、キス、巻き海老などが次々に揚がる。海老は外側がカラリとパリパリなのに、中はジューシーである。ここが近藤の近藤たるところであろう。野菜もそれぞれしっかり揚がっている。

基本的に、塩と柑橘《かんきつ》類でやるのが筆者の天ぷら食いの作法。ここでは、すだちが味を引き締めている。近藤のように上品にカラリと揚がっている場合は尚更《なおさら》で、天つゆでは声が大き過ぎる。天ぷらは天つゆにザブザブ漬けて食べるのが最高、と主張されるむきも多いと想うが、それではせっかくカラリと仕上がった天ぷらが、ちょっと可哀想《かわいそう》。選び抜かれた素材を、中の水分と新鮮さを生かして衣《ころも》で包み込み、油で封じ込めるという相当に高尚な理論の上に成り立っている天ぷらという料理は、塩であっさりやるのが一番よろしい。そう信じている。

かき揚げだって同じだ。あれを天つゆでザブザブにしないと食べられないのは、そもそも揚げ方が間違っていると思う。これは勝手に筆者が思い込んでいたのだが、さる天ぷら屋の主人は、まったく同じ意見であると、賛同してくれた。そういうややこしいことは、美味しい料理の前では無粋《ぶすい》であるが、近藤の天ぷらは塩とすだちで、充分に美味しかった。天つゆも試してみたが、素材の味を生かすという意味では、まるで問題にならない。美味しい天ぷらとビールで一万円ほど。

〔おすすめメニュー〕
昼定食(菫)8800円（椿)1万2100円、
夜定食(藤)1万4300円（楓)1万8700円（蓬)2万3100円。
要予約

# リンタロウ カフェ（喫茶）

初夏の薫風《くんぷう》と、アイス・コーヒーとクリーム・ソーダは、私にとって、「切っても切れない……」ものなのである。そんなとき、私は銀座の松坂屋の裏通り（あずま通り）の清月堂へ足を運ぶ。

『むかしの味』新潮文庫72頁

東京都中央区銀座6−9−9
かねまつ本店ビル2階
TEL／03−3572−7510
営／11時〜19時半（19時LO）
休／無休

❖MAP ③頁

こう、池波が思い入れたっぷりに語る〔清月堂《せいげつどう》〕は、これが書かれた当時は〔清月堂ライクス〕という名前であった。ここには斎藤戦司《せんじ》という支配人がいて、キビキビと立ち働くその姿は、池波をいたく感動させていた。なにしろ、こういう責任者といっしょに、自分も小さな店を出してみたいなと思わせたのであるから、入れ込み方も半端《はんぱ》ではない。〔清月堂ライクス〕が銀座松坂屋裏の〔あずま通り〕へ店を出したのは、池波が「むかしの味」を『小説新潮』に連載していた当時から十四、五年も前という。以来彼はせっせと通い、〔アイス・コーヒー〕を、〔クリーム・ソーダ〕を頼み続けたのであった。

今日、池波の愛した〔清月堂ライクス〕は〔リンタロウ〕、さらに〔リンタロウ カフェ〕と名前を変え、場所も銀座六丁目に移転した。以前は並びに〔新富寿し〕があり、中華料理〔楼蘭《ろうらん》〕が入っていた〔銀座コア・ビル〕は真後ろである（現在、〔新富寿し〕〔楼蘭〕ともに閉店）。池波には慣れ親しんだ土地と言ってよい。

〔リンタロウ〕という名前に変わったのは九〇年代初めで、経営者の水原氏の名前からとったという。池波はもう世を去っていた。堂々たる清月堂ビルの地下一階と二階にあり、地下一階が喫茶、二階が素敵なレストランとなっていたが、二〇一〇年ごろに閉店。〔リンタロウ　カフェ〕は二〇〇五年、かねまつビルの二階にオープンしている。

「ソーダと果汁の中にアイスクリームが浮いている。クリームを食べ、果汁をのむ。しまいには双方が溶け合って、何ともうまい」(『むかしの味』)。

池波の〔クリーム・ソーダ〕好みは、小さい時分の〔資生堂パーラー〕や〔モナミ〕、それに、〔エスキモー〕といった店での体験から来ている。少年時代の味覚を頑《かたく》なに守り続けた池波にとって、〔清月堂ライクス〕の〔クリーム・ソーダ〕は、モダンな銀座を象徴する食べ物に昇華し、五十年以上を経た後も永遠に彼の定番になっていた。

今日の〔リンタロウ　カフェ〕のメニューにもちゃんとオレンジ色の〔クリーム・ソーダ〕は残っていて、池波が愛した味を楽しむことができる。しかし、同じく名物だった〔クリーム・チーズ・ケーキ〕は材料のチーズが入手できなくなったため、現在は提供していないという。

取材で訪れたのはちょうどティータイムからディナータイムに移行する時間で、〔クリーム・ソーダ〕にはありつけなかったが、こちらの不躾《ぶしつけ》な質問にも若い青年の店員は丁寧《ていねい》に応えてくれた。池波が生きていたら、この店の良き伝統は今日もなお生き続けているなと、安心したことであろう。次には是非〔クリーム・ソーダ〕を試してみたい。

**〔おすすめメニュー〕**
クリーム・ソーダ950円、アイス・コーヒー850円

# 銀座アスター本店【ぎんざアスターほんてん】（中華）

東京都中央区銀座1-8-16
TEL／03-3563-1011
営／11時半〜22時（21時LO）
休／無休
❖MAP ②頁

去年、銀座でばったり出会って、一丁目の〔アスター〕へ入り、エビのやきそばを食べたとき（略）。『池波正太郎の銀座日記［全］』新潮文庫36頁

銀座一丁目の〔アスター〕は正確には〔銀座アスター本店〕と呼ばれる。昭和元年の創業以来、銀座の中華料理屋の老舗として親しまれてきた。池波には懐かしい存在だったのであろう。ここ銀座店をフラグシップとして、都内近郊、および大阪名古屋に四十軒ほどの支店を擁《よう》する。

本格派の中華料理店として、この店は北京、広東《カントン》、四川《シセン》、上海など中国各地の土地の料理を出す。本場では考えられない店である。フランス料理とイタリア料理とドイツ料理とスペイン料理を、全部レパートリーにして出す西洋料理屋があるだろうか。そういう懐《ふところ》の深さを持つ店だから、最初はあまり期待していなかった。中途半端ではと、妙な本物志向が働いたからである。

ところが行って驚いた。大変に美味しいのである。ゴージャスな飾り付けの店内は、外見から想像される通りのモダンで明るい雰囲気を持っている。荘重な宮廷《きゅうてい》料理を出すようなイメージの中華

店が多い中では、ユニークである。といって軽過ぎない。料理店に不可欠の贅沢《ぜいたく》な感じも随所に見られる。相当に気の入った内装だと言ってよい。

それでいて、二階の席に通されてテーブルに向かった感じは、余計なこけおどしはなく、ただ旨いものを食べさせようという気分だけが漂うのだ。窓から見える銀座の通りも食欲を増す働きをしている。清潔なテーブルクロスは中華料理店のそれではなく、むしろフレンチの感覚だが、心をなごませる。

生ビールをもらい、大きなメニューに目を通す。メニューも小汚いものが多い中華レストランのそれを忘れさせるスマートさで、気配りの効いたものである。

結論から言うなら〔銀座アスター本店〕はすべての点で満足の行く中華料理店であった。前菜に豚肉のスープ煮にニンニクでアクセントをつけた、一種の煮豚をもらい、薬膳風に味付けたスープと共に食べた。どちらも、どこどこの料理という出自を問題にする前に、〔アスター〕の料理になっており、この店の味に昇華している。素晴らしい。

途中から老酒《ラオチュウ》にしてもらう。ガラスの、理科の実験で使うような三角形のフラスコに二百ミリリットルほど入ったのが登場する。冷たくして飲む。美味しい。ひとりで行ったから、そうたくさんの料理を選べない。池波の定番である〔エビのやきそば〕で締め括《くく》る。こちらもまずまず。大いに満足できる味であり、サービスと雰囲気であった。この店の前を一体何度通ったかわからないが、今まで入らなかったのが大いに悔やまれる。

失礼だが〔銀座アスター〕がこんなに美味しいとは思わなかった。

**〔おすすめメニュー〕**
アスター麺2200円、ランチ5500円から、
夜のコース／宴会8800円から、テーブル1万1000円から（サ別）

# 竹葉亭本店【ちくようていほんてん】（うなぎ）

東京都中央区銀座8−14−7
TEL／03−3542−0789
営／11時半〜14時半LO、16時半〜20時LO
休／日曜、祝日
❖MAP ③頁

終って、用事をすませてから、近くの〔竹葉亭《ちくようてい》〕へ行く。二年ほど前に、椅子《いす》席が設けられたので、まことに便利になった。キクラゲとキユウリの胡麻和《ごまあ》えでビールをのむうち、鰻《うなぎ》が焼けてきたので、酒を注文する。最後は鯛茶漬《たいちゃづけ》。これで、ちょうどよい。

『池波正太郎の銀座日記［全］』新潮文庫119頁

そう言ってはなんだが、ここが銀座か、という場所である。けなしているのではない、銀座八丁目という地番を決めたのは〔竹葉亭〕ではないからである。

それでも、渋谷方面からタクシーでやって来ると、不思議なところにやって来たという感じがする。その昔「銀座九丁目は水の上」という歌があったのを思い出す。

もっとも、それだからこそ今日でも、往時《むかし》のままのゆったりとした店構えが可能なのであろうし、世界の銀座で庭を見ながらの宴《うたげ》がかなうのである。

池波が書いているように、椅子席が出来たので気を張らずに入れる。

これが座敷に上がると、昼ならコースが九千百三十円と一万一千七百七十円、夜は一万二千四百三十円からとなる。場所柄とはいえ、うなぎでひとり九千円というのはちょっと、である。

入口脇《わき》の待合室みたいな場所の椅子席だと〔うな丼〕が二千九百七十円と三千五百二十円、〔かば焼き〕が三千八十円。椅子席が混雑するのは無理もないだろう。

〔竹葉亭〕のうなぎは三河や静岡県吉田といったあたりから来るという。天然ものは養殖と比べて身にしまりがあるのが特徴である。

もとは新富町《しんとみ》にあった山岡鉄舟《やまおかてっしゅう》道場門下生の刀預り処が目的の留守居茶屋としてスタートしたとある。道場の若い連中相手の食べ物屋だったのである。これを二代目の別府金七《べっぷきんしち》という人物がうなぎ屋として確立させたらしい。

現在の地に移ったのは関東大震災で焼け出されたから。

夏目漱石の『吾輩は猫である』にも堂々とこの〔竹葉亭〕の名前が登場する。うなぎといえばこの店、というような存在であったらしい。

それは現在《いま》も変わらぬ根強いファンによって保ち続けられているようだ。これだけの場所で、格調高く営業しているのがその証拠だ。

昔はこのあたりが銀座として独特のステイタスを持っていたことが想像できる。最近だと朝日新聞と国立がんセンターくらいしかない場所という認識であるが。店員の応対は、東京で長く客商売をしている店らしい客あしらいで、これが伝統というものであろう。多少遠くても、少々不便でも、きちんとした商売をしていれば、ちゃんとお客は来てくれる、という自信のようなものがそこには溢《あふ》れていた。

〔おすすめメニュー〕
うな丼 2970 円・3520 円、かば焼き 3080 円、
昼コース 9130 円・1万1770 円、
夜コース 1万2430 円・1万5070 円・1万6170 円（コースはサ別）

# みかわや

（洋食）

東京都中央区銀座4−7−12
銀座三越新館1階
TEL／03−3561−2006
営／11時半〜21時半
休／無休
❖MAP ②頁

終って〔みかわや〕へ行く。ポーク・カツレツ、御飯、サラダ。前から考えていたのだが、この店のポーク・カツレツは、ロースの脂《あぶら》がたっぷりついていて、むかしの洋食屋のそれを略《ほぼ》再現している。

『池波正太郎の銀座日記〔全〕』新潮文庫518頁

池波が通った当時は〔銀座三越〕の裏手にあり、多分世界で最も地代の高い場所にあるレストランであった。夕方の少し早い時間に行くと、もう客が来ている。皆さんすっきりと仕立ての良い背広姿で、血色が良く、初老という感じの方が多い。一部上場企業の役員か、銀座の大店《おおだな》の旦那衆が少し早い食事をして、これから酒を飲む算段をしているのであろうか。あいにく筆者はノー・ネクタイのジャケット姿であったが、これはよくない。銀座はネクタイなしで足を踏み入れてはいけないことを忘れていた。

〔ポーク・カツレツ〕と〔ハヤシ・ライス〕を頼む。フランス料理とうたってあるが、いわゆるフランス料理店とは異なるのは、こういう料理がメニューにあることからもうかがえる。といって、それでどうしていけないだろう。本場のフランス料理と日本の料理を、いわば足して二で割った、これはフランス料理なのだ。御飯がなくては夜が明けない国民なのだから、御飯に合う西洋料理を考えたわけである。立派ではないか。真っ白なテーブル・クロスを前に料理が出来上がるのを待つ。

ひとりだからお退屈でしょうと、ウェイターが気を利《き》かせて雑誌を持って来る。これが『サライ』である。いかにもこの店に似つかわしい雑誌ではあるまいか。ついでに熱い番茶を一杯。お水の他に、である。待つことしばし、ふたつを一緒に持って来ていいか、というチェックもしっかり入れた上で、両方が同時に来る。

見事な〔ポーク・カツレツ〕であり、〔ハヤシ・ライス〕である。銀座の有名なお店で、〔カツ〕をおかずに〔ハヤシ・ライス〕を御飯にする、という近所の洋食屋のやり方で食事をするのは、実は勇気がいる。知っていてやっているのだという気分を出しつつ、横柄にならないようにしなくてはならない。

〔ポーク・カツレツ〕は肉といい揚げ方といい文句がない。当然ここは塩でいただく。〔リー&ペリン〕のソース、つまりウースター・ソースである、これも用意されているがもったいない。辛子《からし》さえも邪魔である。うまいうまいと食べてしまう。

それを〔ハヤシ・ライス〕で一緒にやろうというのであるが、〔ハヤシ・ライス〕は少し上品に過ぎたように思う。もっとドミグラ風のソースが濃くてもよかったのではないか。しかし、造りとしては申し分ない。肉も大きなのが入っているが食べやすい。二日酔いの影響でビールも何もやらず、水で通してしまった。美味しいものを食べたという気分が手ごろな値段で得られるのは幸せである。それもとびきりの場所のとびきりの店で。

**〔おすすめメニュー〕**
ポーク・カツレツ 2800 円、ハヤシ・ライス 2700 円、
ハンバーグステーキ 2700 円、特選ビーフシチュー5500 円（すべてサ別）

# るぱ・たき

（フランス料理）

七丁目の小さなレストラン〔るぱ・たき〕へ行く。アスパラガスとコンソメの冷たいスープ、牛ヒレの煮込み、サラダ。みんな旨《うま》かった。

『池波正太郎の銀座日記［全］』新潮文庫307頁

東京都中央区銀座7−6−14
丸源53ビル2階
℡／03−3574−9443
営／18時〜21時半LO
休／土曜（予約のみ営業）、日曜、祝日

❖MAP ③頁

銀座並木通り、資生堂本社前の丸源ビルの二階、と電話で教えられた。たまたまその日、資生堂名誉会長福原義春氏から、新著が届いていたのも、何かの偶然か。文人経営者として名高い福原さんの著作は、七十冊を越えるという。凄《すご》いことである。それはとにかく、宵《よい》の口の並木通りは、お仕事に向かうお姐《ねえ》さんと、携帯片手の黒服で大いに混雑している。そういう群れを掻《か》き分けるようにして〔るぱ・たき〕を目指す。

八席ほどの小体な店である。L字型のカウンターからは厨房《ちゅうぼう》が丸見え。だから、心の置けない知り合いの家で食べているような気になる。〔るぱ・たき〕は一流のフランス料理店で、いまどきの呼称である〔フレンチ〕より、〔フランス料理〕と呼ぶ方が、ぴったりくる味だ。始めてから四十年ほどになるという。ご主人の氏家英幸氏によれば、最初は叔母さんが始めたもので、池波が通っていたのはこの叔母さんの時代であった。並木通りにまだ屋台が並んでいたと言う。その後、受け継ぎ、現在に至る。氏家さんも池波のことを知っている。いつもふらりと現われ、のんびり食して、すっと帰ったそうである。ここから、文壇バーに流れたと思われる。そもそも叔母さんは銀座で服飾店をやっており、それからフランス料理のこの店を始めた。すでに亡くなられたそうだが、銀座を大層愛しており、たまに来る時は凄いお洒落《しゃれ》をして現われたそうだ。我が意を得たりと、大いにうなずく。銀座に来る日は、しっかりネクタイを吟味して赴くのが、作法だからである。

初めに〔アンディブのコンソメ煮〕が出される。〔コンソメ〕は二番ダシを使う。アンディブ、すなわち〔菊ちしゃ〕がじっくり煮込まれている。僅かなその苦味が、野菜の旨みになっているのを知る。続いてサラダの出番。〔フォア・グラのムースと季節の野菜〕である。フォア・グラに、ソースとしてコンソメの煮こごりが、かかっている。これを〔バーニー・カウダ〕と呼ぶらしい。大好きなフォア・グラが、充分な量で出されるので満足である。ワインは〔ポイヤック〕の〔シャトー・ランシュ・ムウサック〕を飲んでいる。近所の酒店が、〔るぱ・たき〕の料理に相応しいものを届けてくれるのだという。続いてマッシュルームのスープ。絶品である。マッシュルームの潰《つぶ》し具合が絶妙で、粒々が舌に心地よい。メインは〔牛の頰《ほお》肉の煮込み〕。これも素晴らしい。いかにもフランス料理、と呼ぶに相応しい、じっくりワインで煮込まれた牛肉が、トロトロになってて、口福《こうふく》、という言葉を思い起こす。赤のポイヤックによく合う。フル・ボトルだが、独りで飲み干せた。料理が上等な仕上がりだからであろう。もちろんワインも。最後にサプライズで〔一口カレー〕。粋な味。デザートのシャーベットと共に締めくくる。これで二万四千円。ちなみに〔るぱ・たき〕の〔ルパ〕は食事処を示し、〔タキ〕は服飾店時代からの屋号という。

**〔おすすめメニュー〕**
おまかせコース1万2000円から。予約が望ましい

# 銀座 鮨 み富 【ぎんざ すし みとみ】

（鮨）

東京都中央区銀座5—10—11
川島ビル2階
TEL／03—6263—9889
営／11時半〜21時半
休／盆・暮以外無休

❖MAP ③頁

大好きな映画の試写に、ほとんど一日置きに外出をするけれども、その帰りに何処《どこ》かで、ちょっと酒をのみ、腹ごしらえをしてとおもっても、夕方からの開店時間までは大分に間《ま》がある。そうしたとき、銀座五丁目のあずま通りにある〔新富寿し〕は至極便利なのだ。

『むかしの味』新潮文庫22頁

池波が「昼近くに開店したら閉店まで商売をやすまない」（『むかしの味』）と記した〔新富寿し〕は二〇一七年に閉店、二十二年間職人を務めていた三橋さんがオーナーとなって開いたのが〔銀座鮨 み富〕である。

銀座の中央通りから昭和通りの方へ二本入ったビルの二階、道幅が広いから見つけやすい。昔の松坂屋、現在のギンザ・シックスの右うしろ側という辺り。専用のエレベーターで上がる。

席数は七席、椅子席のみである。狭くなく広くなく、給仕の若い女性が二人、後ろに控えていても、うるさくない。窓から外が見え、夕暮れ時は独特の落ち着きを感じさせる。

三橋さんを補佐する形で火曜夜・水曜昼に付け場に入るのが三井さんで、池波ともじつは面識がある。池波本人に直接応対した飯食店関係者は、今ではずっと少なくなっている。三井さんは貴重なその一人である。印象を聞くと、「とにかく、よく召し上がっていましたね」。

四十代だった池波は旺盛な食欲を見せたという。たくさん食べることで、ものの味を身体に叩き込む、という感じだったのだろう。だから晩年、体力の衰えで一向に食べられなくなると、ひじょうに悔しく思ったことが、その記載にある。

十貫八千円のコースを頼む。〔あおやぎ〕、〔小肌〕、〔烏賊《いか》〕、これは〔ヤリイカ〕である。うんと小振りなのを半分にし、中にシャリが詰めてある。駅弁で有名なイカメシの寿司屋バージョンだ。美味い。〔鱈《たら》〕、〔トロ〕、〔海老〕、〔煮蛤《にはまぐり》〕、〔穴子〕と続く。下地を小皿に取って付けるのではなく、初めから付けてある。江戸の昔ながらの行き方。

「屋台でパクパク、握るそばからやっていたのが江戸の、そして東京になってからも、この地のやり方。小皿に醤油を用意して、なんて食べ方はしなかった。寿司なんて、出る先からどんどんパクパクやるのが、流儀です」

それだから醤油が最初から付けてある。それは営業時間にもあらわれ、昼から午後ずっと途切れず休みなく、やっている。だから仕舞うのは夜の比較的早い時間となる。小腹のすいた時間に蕎麦屋や寿司屋で一杯やりながら食欲も満たし、いい気分になるのが池波一流のやり方。だから休憩なしの〔新富寿司〕の存在は、ひじょうに嬉しかったはずである。〔み富〕はそれを忠実に受け継いでいるのだ。

お好みもあり、様々なオーダーの仕方があるが、ここは美味しい寿司をさっさとつまみ、酒も一本くらいにして、あっさり切り上げるのが良かろう。だらだら長尻は池波の最も嫌ったものだった。あっさり行くべし。そしてそれで充分満足できる。旨い寿司を食ったと。

**〔おすすめメニュー〕**
(昼)おまかせ 4400 円
(夜)おまかせ 8800 円(10 貫)から

# 東【あずま】

（台湾料理）

終って友人ふたりと、同じビル内の台湾料理〔東《あずま》〕へ立ち寄り、ビーフンと粽《ちまき》でビールをのむ。暑い夏には、さっぱりと炒《いた》めたビーフンは、とてもよい。『池波正太郎の銀座日記［全］』新潮文庫134頁

東京都港区新橋2–20–15
新橋駅前ビル1号館2階
TEL／03–3571–6078
営／平日11時半～13時45分LO、
17時～20時半LO
土曜11時半～13時15分LO
休／日曜、祝日

❖MAP ③頁

苦手な食べ物は少ないが、そのひとつが〔ビーフン〕だ。

池波には好物のような書き方であるが、味のない〔ビーフン〕を筆者はどうにも好まぬ。そうは言っても池波が食べている以上、そしてそれを書いている以上、取り上げねばならぬ。取り上げるからには、食べてみなくてはならぬ。これまで美味しい〔ビーフン〕を食べたことがなかったから、好きになれなかったのだろうかと、ビールを飲みつつ〔ビーフン〕を待ちながら思った。知り合いの家でも、自宅でも、これまで食べさせられた〔ビーフン〕はどうにもしようがなかったからである。それでも周《まわ》りは美味しそうに食べていたっけ。

だいたい、春雨《はるさめ》のような格好で味も何もない食べ物である。美味しい物であるはずがないと思う。米の粉を麺《めん》の格好にしたと思われるその形状も、積極的に食べてみようという気の起こるものではない。

そう思っているところに、いよいよ〔ビーフン〕が出来上がってきた。〔あんかけビーフン〕である。この店は〔五目〕とか〔豚肉入り〕とか様々なバリエーションが用意してある〔ビーフン屋〕である。きっとこれまでの印象を払拭《ふっしょく》してくれるに違いない。ところがやはり〔ビーフン〕は〔ビーフン〕に変わりなかった。ドロリとした〔あん〕が白い〔ビーフン〕にかかっているが、見方が一変するような味ではない。仕方なくビールでせっせと流し込む。

〔東〕は〔あずま〕と読む。

新橋の駅前の〔小川軒〕や、かつて日本ヘラルドがあったビルの二階である。池波もヘラルドでの試写の帰りにここへ寄ったのである。構えはガランとした愛想のない店だが、それがいいのかいつも中年のサラリーマンでいっぱいである。台湾料理が売り物で、その目玉が〔ビーフン〕なのだ。台湾料理といえば、大陸の方の中国料理とはまたどこか異なっている。熱帯に近いから脂《あぶら》を多く摂《と》る傾向がある。沖縄料理がそうであるように。

こういう感じの店で、ビールに脂っこい料理を頼み、明日もがんばろうと気勢を上げるのだ。池波は不思議なほどに東京の〔おでん屋〕や〔焼鳥屋〕に贔屓《ひいき》を作っていないが、ここはその代わりをしていたのかもしれない。一種の脂補給の場所として、池波は時々こういった中華のコッテリした店を訪れていたようである。日本風の落ち着いた店と並行して、中年を越えた躰《からだ》には決して良くない脂肪をこういう店で、好んで摂ろうとした形跡が見られる。結局、そういう食事の好みが意外な早死にを結果としてもたらしたのだ。〔ビーフン〕をかみながら、そう思った。しかし「ビーフン」に罪はない。

**〔おすすめメニュー〕**
ビーフン各種 935 円、中華風ちまき 770 円

# 小川軒【おがわけん】

（洋菓子）

東京都港区新橋2‐20‐15
新橋駅前ビル1号館1階
TEL／03‐3571‐7500
営／10時～18時半（土～17時）
休／日曜、祝日
❖MAP ③頁

終って、ビルの1Fにある〔O軒〕へ行き、たのんでおいたレーズン・パイを受けとり、店の奥のパーラーでエスプレッソをすするうち、疲れが出てきて、何処《どこ》へも行く気がしなくなる。

『池波正太郎の銀座日記［全］』新潮文庫444頁

新橋の駅前ビルには以前、映画の配給会社である日本ヘラルドがあり、池波はそこの試写室で試写を見た帰りに、同じビルの一階にある〔小川軒〕にしばしば立ち寄った。

〔小川軒〕は代官山に素敵なレストランを構えているが、そこで売られる〔レーズン・ウィッチ〕は評判の高い菓子である。ある年齢の人々に〔とらや〕の和菓子がお遣《つか》い物の定番であるように、ここの〔レーズン・ウィッチ〕はそれより若い世代の定番である。名門幼稚園にBMWで子供の送り迎えをするママたちが、知合いを訪ねる時に持って行くのに、これ以上のアイテムはないのだと聞いたことがある。

ここ〔小川軒〕では、客が〔レーズン・ウィッチ〕やケーキなどをテイク・アウトする時、待つ間を利用してコーヒーを飲むこともできる。筆者はヘラルドの試写室がなくなった後も、たとえば新橋のはずれ内幸町にあるワーナー・ブラザーズの試写室の帰りに、ここまで歩いて美味しい紅茶を注文したものである。それが片手間にやっているとは思えないほどに美味しく、これは〔小川軒〕だから当然なのだが、その上に驚くほど安価なので、時々利用させてもらっていた。初めて利用した時、端数が何円というその余りの安さに、思わず値段を聞き返したくらいである。値段と味のバランスにうるさい昔気質《かたぎ》の池波が贔屓《ひいき》にしたのはよくわかる。

どこか酒屋の店先での立ち飲みにも似た〔小川軒〕の新橋の店でのコーヒーの飲み方は、視覚人間の池波には「粋《いき》」なものに映ったのかもしれない。

ゆったりとくつろげる行きつけのコーヒー店での、挽《ひ》き立ての豆をペーパー・フィルターを使っていれるコーヒーも池波流のコーヒーなら、こういう店でそそくさと飲むコーヒーもまた、コーヒーの味わい方のひとつである。頼んでおいたお菓子が出来上がるのを待つ間に、ちょこっとコーヒーをするという行為に、池波はスタイルを感じていたのだろうと思う。これもお洒落《しゃれ》なもんだよ、と。

パリジャンにひそかに憧れていた形跡のある池波が、そういう自分に照れながらも、美味しい〔小川軒〕のコーヒーを〔レーズン・ウィッチ〕を待つ間に飲んでいる姿を想像するのは楽しい。〔レーズン・ウィッチ〕はその名の通り、薄いパイ皮で、干したレーズンを挟んだ軽いお菓子。不思議な美味しさを持つ。わざわざ代官山まで足を運ばずに、交通の便の良い新橋で手に入れられるのはありがたいことである。

**〔おすすめメニュー〕**
各種ケーキ324円から、レーズン・ウィッチ（1箱10個入り）1188円

# かつ平【かつへい】

（とんかつ）

東京都中央区築地6‐12‐10
TEL／03‐3542‐1537
営／11時半〜14時半、17時〜20時半
休／日曜、祝日、第2土曜
❖MAP ③頁

ここのカツレツは、揚げ方も私の好みだが、肉がよい。よほど、仕入れに気をつかっているのだろう。

『池波正太郎の銀座日記［全］』新潮文庫289頁

池波の好みのトンカツ屋である。近所で評判のトンカツ屋ではあろうが、それ以上でも以下でもない。たまたま池波の口に合ったのであろう。といって〔かつ平〕が駄目だと書いているわけではない。池波の思い入れと、亡くなった主人《あるじ》の〔とんかつ〕への情熱が合致したのであろう。現在《いま》は性格温厚な二代目が楽しそうに〔とんかつ〕を揚げている。二代目には申し訳ないが、先代のと食べ比べてみたかった。

池波が書いている肉の質も、それほど素晴らしいとも思えなかった。御飯は少し柔らかめである。味噌汁もまずまず。池波は〔とんかつ〕も、洋食屋で出す〔カツレツ〕も、どちらも好んで食べたが、ソースをザブザブかけて、冷たいビールと一緒にやる〔とんかつ〕の方が、数パーセントだけ〔カツレツ〕より好きだったのではないかと、思われる。他のトンカツ屋で、〔串かつ〕と〔とんかつ〕をそれぞれ御飯とつまみ用に頼んでいるのを読むと、実に嬉《うれ》しそうである。洋食屋、

それもレストランと呼んだ方がいいような店のだと、もう少し気取って〔カツレツ〕に向かっているような気配が感じられるのだ。やはり〔とんかつ〕の気さくさっていいよなと、〔かつ平〕の〔とんかつ〕を口にしながら思ったのではないだろうか。

で、〔かつ平〕の場所だが。地番を頼りに銀座からはるばる歩いて行くと、東銀座から築地と海岸に近づくに従って下町の情緒が濃くなる。銀座自体は下町感覚と山の手のセンスが合体した町だが、基本的には下町の盛り場である。それが築地界隈を歩くことで納得できる。下町ならではの小さな町並をのんびりと歩いていると、町の食べ物屋然とした〔かつ平〕が見つかった。知らなければ見過ごしてしまいそうな店である。

築地の古い名所が〔魚河岸《うおがし》〕だとすると、新名所は〔朝日新聞〕と〔聖路加病院《せいろか》〕であろう。あとは〔国立がんセンター〕もそれに入るか。古くから親しまれたものと、時代の最先端を行く業種が並んでいる。

築地の〔聖路加病院〕はホテルのタワーのような大病院に変身してしまい、庶民感覚では入院できないような感じだが、この店はその病院の職員食堂のような気さくさで溢《あふ》れている。二代目の幼な馴染みがそのまま病院に勤めて客として来ているし、病院内の事情がお客の会話のはしばしからわかる、そういう店である。

池波が紹介してもしなくても、この店には客が溢れていただろうが、わざわざ遠くから来る客が、なんだ普通のトンカツ屋じゃないかと思いながら、まあ、こんなものだろうと食べて帰っていくのは、果たして良いことだったのかどうか、わからない。

**〔おすすめメニュー〕**
とんかつ(ロース)1200円、とんかつ(ヒレ)1100円、
カツカレー900円、海老フライ1100円

# シェ・イノ

（フランス料理）

京橋の〔ロアンヌ〕へ行き、仔羊《こひつじ》のローストを食べる。こんなに旨《うま》い羊を食べたのは久しぶりのことだ。鱒《ます》の燻製《くんせい》もよく、チョコレートのムースまで、ちょうど、ぐあいよく腹へおさまった。

『池波正太郎の銀座日記［全］』新潮文庫373頁

東京都中央区京橋2－4－16
明治京橋ビル1階
TEL／03－3274－2020
営／11時半～14時LO、18時～21時LO
休／日曜
❖MAP ②頁

正統派のフランス料理という点では現在最も実力を認められている店、それが〔シェ・イノ〕である。〔レカン〕から〔ドゥ・ロアンヌ〕を経て、京橋に開店した井上シェフの店で、〔ドゥ・ロアンヌ〕ではなく〔シェ・イノ〕がここに登場するのは、このためだ。どういうところが正統派かというと、いわゆる素材の持味以上にソースで食べさせるフランス料理ならではの伝統を守っているから。〔アピシウス〕や〔マキシム・ド・パリ〕（現在は閉店）といった東京の三星クラスと、堂々と肩を並べる存在になっているのはその一点にある。

これだけの評価を得ている店だから、昼も夜も予約を取るのが大変にむつかしい。なぜなら上記ふたつの名店ほど敷居が高くないからだ。〔アピシウス〕も〔マキシム・ド・パリ〕も共に、偶然だが地下にあって中がうかがいにくい。日本人にはフランス料理に対する独特のコンプレックスがあるから、どうもそういう実態が判然としない店は苦手なのである。〔シェ・イノ〕にはそういう心配がない。外からなんとなく中の様子がわかるから、人々は安心して入ることができるわけである。

一種の気安さが、しっかりした味の上で演出されているのがこの店の身上である。〔ドゥ・ロアンヌ〕から受け継がれたものであろう。正統のフランス料理を愛しつつ、我が国の豪華過ぎるフランス料理店のしつらえに、どこか馴染《なじ》めないものを感じていたようであったから、池波がこのような店を贔屓にして、せっせと通っていたのはよく理解できる。

さらには昼に六千六百円のコースを設けているのも繁盛の原因で、筆者が訪れた時も、これがよく出ていた。

まず自家製テリーヌが出される。ボルドーの赤をハウス・ワインでもらって、これをいただく。獣の脂《あぶら》だけが持つ精気のようなものが伝わってくる。肉の旨みがそれに包まれて、酒の肴、それもワインの相手として最高だ。

メインは仔羊のソテー。魚も選べるが、池波が誉《ほ》めたこの店ならではの羊を味わう。羊は日本では長く低い地位にあったが、海外で食べ覚えた人々によって、今日ではパーティの料理などでも見られるようになった。ほとんどが輸入だという。

おいしいパンとバターが、その味を盛り上げる。そしてデザートとコーヒー。昼は入門のためのコースとされるが、これで小手調べをして通う人が多いはずである。上級コースである七千七百円と一万四百五十円のは、それぞれスープが付いたり、肉と魚が両方出てくるのだと聞いた。

**〔おすすめメニュー〕**
昼のコース6600円から、夜のコース7600円から（サ別）。
要予約

# たいめいけん

（洋食）

〔たいめいけん〕の洋食には、よき時代の東京の、ゆたかな生活が温存されている。物質のゆたかさではない。そのころの東京に住んでいた人びとの、心のゆたかさのことである。『むかしの味』新潮文庫15頁

東京都中央区日本橋室町1―8―6
TEL／03―3271―2463
営／11時～21時（20時半LO）
休／月曜
❖MAP ①頁

大衆的な洋食を作り続けて、人々がその変わらぬ味に支持を与えたことで〔たいめいけん〕は、COREDO日本橋の裏手に日本一の洋食屋のビルを建ててしまった。先代が始めた凧《たこ》の博物館なども併設された四階建ての堂々たるビルである（日本橋再開発のため、現在は室町の仮店舗で営業中。二〇二六年に本店舗がオープンする予定）。昼どきには近所のサラリーマンやOLのほかに、デパートで買い物をすませた山の手の奥様なども混じっている。幅広く愛されているのを知る。伊丹十三監督の映画「タンポポ」の撮影で使われたという事実や、それを記念した〔タンポポ・オムライス〕を考案し、商品化したという積極的な姿勢が、人々の心をつかんだのである。

そして今でも一杯五十円を律儀に守り続けている〔ボルシチ〕や〔キャベツのサラダ〕に対して、客がここを自分たちの店だと感じているからだろう。こういう熱烈な支持を得ている店は、洋食和食を問わず、飲食業界には他にないのではないか。

それもこれも、時代を見る目と人々の洋食への愛着をしっかり見据えていた、先代の茂出木心護《もでぎしんご》の慧眼《けいがん》のたまものだろう。〔ロース・カツレツ〕と〔ボルシチ〕を頼む。

昔ながらの〔ロース・カツレツ〕は高級店のそれと違って、揚がった肉が扁平《へんぺい》ではなくゴツゴツしている。それでも充分美味しい。ドミグラ・ソースがかかっているから、敢えてウスター・ソースを使わなくとも大丈夫。塩を少し振り掛ける。肉は決して良い部分ではないが、普段の〔とんかつ〕はこうだった。あくまで惣菜《そうざい》から発想した洋食なのである。付け合わせのスパゲティの甘い味付けも、どこか下町のマーケット風である。昔はこれが御馳走《ごちそう》だったのだと思いながら食べる〔とんかつ〕は正しく往時《むかし》の味。〔ボルシチ〕は五十円という驚異的な値段を忘れさせる出来で、こういうスープをしっかり作れる技術が〔たいめいけん〕を、その辺の洋食屋とひと味もふた味も違う存在にしたのである。それにしても五十円とはね。

ビルの一階のドアを入ると、洋食屋ならではの匂いがする。良い匂いである。そしてちょっと懐かしい。池波はこれを〔ヘット〕、つまり牛脂《ぎゅうし》だと言っている。〔カツ〕を揚げるのに昔はこれをどこでも使っていた。だが最近は減っているらしい。いかにも洋食屋という匂いにこれは欠かせないと思うのだが、今はそういう時代である。この店も池波の古い馴染《なじ》みで、最初は日本橋のはずれの新川《しんかわ》という場所にあったという。まだ株屋の小僧だった時分である。それ以来の付き合いだから相当なものだ。しかし今は茂出木も池波も亡くなってしまった。

それでも〔たいめいけん〕は今日も変わらず繁盛し続けている。一杯五十円の〔ボルシチ〕と〔キャベツのサラダ〕を売りながら。

**〔おすすめメニュー〕**
カレー・ライス800円、ロース・カツレツ(ライス付き)1250円、ポークソテー(ライス付き)1800円、ハヤシ・ライス2000円、ラーメン850円(すべて1階の値段)

# 野田岩【のだいわ】

（うなぎ）

久しぶりに高島屋楼上〈野田岩〉の、中入れ鰻丼《うなどん》。うまい。鰻は、ここに限るとまではいわぬが何といっても行きやすい。

『池波正太郎の銀座日記［全］』新潮文庫519頁

東京都中央区日本橋2－4－1
日本橋高島屋本館8階特別食堂
TEL／03－3246－5009
営／11時～20時
休／無休

❖MAP ①頁

混雑を避けて午後四時頃、日本橋〈高島屋〉の特別食堂の〈野田岩〉へ行く。本館のエスカレーターで八階に上がり、そこから指示された通りに歩けば、広い特別食堂に到着する。〈野田岩〉の他に〈帝国ホテル〉のフランス料理と、関西割烹の〈三玄《さんげん》〉が用意されているが、暑い盛りには専《もっぱ》ら「野田岩」が受けているようである。

入口にカウンターがあって、混雑している時は、その前の待合所で待たされる。病院の待合所みたいであるが、美味しい物を食べたさに、人々はここでおとなしく待つのである。取材の時は午後四時だからガラガラで、あっけなく席に通された。

メニューは三店一緒である。だから同じテーブルで、別々の店のものが食べられるわけだ。特別食堂と言っても、基本的にはデパートの食堂であることには違いない。しかし〈野田岩〉のある〈高島屋〉の特別食堂は、池波のおかげで日本で最も有名なデパートの食堂になってしまった。〈中入れ〕とビールをお願いする。ほどなく出て来た中瓶のビールは大変によく冷えており、まことに美味であった。ビールの冷やし方にもコツがあるのだ。当然〔キリンのラガー〕である。他のメーカーには悪いが、ビールは結局これしかない。

〔野田岩〕の〔中入れ〕は大振りの丼に御飯が敷いてあり、その上に〔かば焼き〕が載《の》っているが、中段にも、いわばサンドイッチのように〔かば焼き〕が挟まれているものである。いかにも食いしん坊が好みそうな発想だ。〔香の物〕と〔肝《きも》吸い〕の他に、小皿に〔大根おろし〕が少し出てくるのが、さすが。〔大根おろし〕が消化を助けるタカジアスターゼを多く含むものであるのは周知の通り。世界中で冷たい大根をおろして食べるのは日本人だけ、という誰かの言葉を思い出した。

隣の席で七十歳くらいの男性がひとりで〔うな重〕を取って食べていた。病気上がり、といった感じに見える。注文して、うなぎが来るまで長い間席をはずしていたが、あれはトイレットだったのであろうか。それでも、うなぎを前にして嬉しそうなのが、隣の席からもわかる。

そのまま筆者も自分のうなぎとビールに忙しかったので、隣を見ずにいた。しばらくして気づくと、老人はもういない。見るともなく残された重箱を見ると、綺麗《きれい》に上のうなぎだけを食べて、御飯はそっくり残っていた。タレのついた御飯が、うなぎのあったところだけ少しくぼんでいる。病院を抜け出て、手術の前の最後のうなぎを〔野田岩〕で食べたのであろうか。〔中入れ〕とビールで、六千円ほど。

**〔おすすめメニュー〕**
中入れ 4730 円、うな重 4290 円から、
志ら焼き定食（小）3520 円（大）5170 円（すべてサ別）

# 浜町藪【はまちょうやぶ】

（蕎麦）

東京都中央区日本橋浜町2-5-3
TEL／03-3666-6522
営／11時半～19時（祝日～18時）
休／木曜、日曜、第4土曜
❖MAP ①頁

私は年に一度ほど、明治座で自分の芝居を上演するときには、「さあ、浜町の藪へ行けるぞ」と、それが一つのたのしみになる。

『散歩のとき何か食べたくなって』新潮文庫76頁

浜町《はまちょう》と言われても、所在がピンとこない。〔明治座〕の方だよと教えられても、その〔明治座〕がわからない。

池波は劇作家として多くの戯曲《ぎきょく》を世に送っているし、舞台の演出もやった。小説家になる前はそちらが本業だった。三十六年間、と書いている。小説書きとして成功した後も、今度はあの池波が戯曲をやる、ということで評判になったりした。そういう彼にとって〔明治座〕は古巣《ふるす》のようなものであり、浜町は懐かしい土地だった。その地にある〔藪〕である。池波にとってここを訪れるのは、故郷の食べ慣れた店を再訪するようなものだったに違いない。

日本橋を起点にして浜町を目指す。本当は地下鉄日比谷線の人形町《にんぎょうちょう》からすぐなのだが、わざわざ地図を頼りに歩くことにする。日本橋から先はどうもよくわからないからである。困った田舎者なのだ。日本橋から昭和通りを渡り、久松《ひさまつ》警察を目指す。歌舞伎の〔玄冶店《げんやだな》の跡〕などを通り過ぎる。「お富さん」のあの〔玄冶店〕である。こういうヘリテイジ（遺産）がやけに多いのがこの界隈の特徴である。目標は〔明治座〕で、高いビルがあたりを圧するからわかりやすい。久松警察の通りを右折して少し行くと、〔藪〕がある。大理石のような石造りのモダンな店であるのにびっくりする。池波の当時はこうではなかったはずであるが、現在《いま》はしれっとした近代的な建物だ。内装もすっかり洋風のカフェバー・スタイルで、蕎麦屋《そば》のそれではない。〔せいろ〕は七百二十円である。〔せいろ〕を二枚頼んで、出来るまで〔板わさ〕と、〔焼き海苔《のり》〕で一杯やる。のんびりした、いい店である。なにも和風の造りでなきゃ蕎麦がまずくなる、というものでもないだろう。〔板わさ〕も〔海苔〕もまずまずで、昼間の酒でいい心持ちになったところに〔せいろ〕二枚。葱《ねぎ》とわさびが付いている。蕎麦湯はちゃんと塗りの伝統的な容器で出る。蕎麦の量は普通。もっとも高級店の普通であるから、空腹を満たすにはほど遠い。しかし旨い。太さ、冷たさ、切れの良さ、喉越《のどご》し、すべてよろしい。

つゆも、これが蕎麦つゆだ、という味。辛過ぎないし、甘過ぎない。その量も、たぐって二枚食べて、まだちょっと底に残るくらい。そういう辛さであり、量である。蕎麦が旨いからつゆをたくさんつけなくてもいいのである。残ったつゆで蕎麦湯を飲む。だから蕎麦屋ではお茶が出ない。蕎麦湯に含まれるレシチンは躰《からだ》にとてもよい。蕎麦湯は必ず飲むこと。それが蕎麦通だ。池波がここの蕎麦を楽しみにしていたのがよくわかる。旨い蕎麦だ。帰りは〔甘酒横町《あまざけよこちょう》〕という江戸情緒が売り物の店の並ぶ通りを歩く。日清紡《にっしんぼう》の本社があったりして、きょろきょろしていると地下鉄の駅がすぐそこに見えて来る。浜町は決して田舎の住人にも遠くないことがよくわかった。

**〔おすすめメニュー〕**
せいろ 720 円、かしわ南ばん 1050 円、天ぷら蕎麦 1600 円

# 室町砂場【むろまちすなば】

（蕎麦）

東京都中央区日本橋室町4−1−13
TEL／03−3241−4038
営／11時半〜21時（土曜〜16時）
休／日曜、祝日
❖MAP ①頁

いわゆる〔蕎麦掻《が》き〕なのだが、その洗練されたかたちが、いまも、日本橋・室町の〔砂場〕へ行くと味わえる。塗物の中へ熱湯をみたし、木ノ葉型にととのえた〔蕎麦掻き〕を薬味とつゆで食べながら酒をのむのは、夏でも悪くないものだ。『食卓の情景』新潮文庫234頁

日本橋界隈は神田と並んで蕎麦屋の激戦区である。その中でもトップにランクされるのがこの室町四丁目の〔砂場〕。〔室四砂場〕と通《つう》は呼ぶらしい。〔砂場〕系の特徴である白い蕎麦は国産の粉を使っており、〔砂場〕の誇りである。もっとも夏場は粉が暑さで劣化するため、日本と季節が逆のオーストラリア産を使うとのこと。

この店は大阪〔す奈ば〕の流れをくみ、明治二年の創業。砂場の元祖が大阪であるのはおもしろい。古い歴史を持つこの店は、〔天ざる〕を初めて世に送った店として知られる。昭和二十五年頃のことだという。戦前には〔天ざる〕はなかったのですね。普通の〔天ざる〕と異なり、〔かき揚げ〕の天ぷらが熱いつけ汁に入って出てくる。元祖は結構うるさい。また、普通の蕎麦屋では海苔《のり》がかかったのが〔ざる〕で、海苔なしが〔もり〕と呼ばれるが、ここでは純白粉製を〔別製ざる〕、ちょっと黒っぽいのを〔もり蕎麦〕と称している。

一般に名店ほど蕎麦の量が少ないが、ここはそう驚くほどでもない。もっと少ない店はいくらでもある。それとつゆの旨さはさすがで、辛いが辛過ぎず、美味しい蕎麦を美味しいつゆで食べている気持になる。〔もり〕と〔別製ざる〕はともに七百十五円で、本家本元である〔天ざる〕は一千七百六十円。

〔板わさ〕と〔海苔〕でビールや日本酒をやり、終わったら〔もり〕を二枚などという客がほとんどである。夕方の会社のひけ時には、一杯やる方が目的の客も多い。〔焼き鳥〕などつまみが充実しているからである。混雑していると相席《あいせき》になってしまうほどに混む。

池波は作家稼業の特権である昼酒を好んだが、この店でのんびりと昼間から酒を飲み、蕎麦で仕上げるのは確かに心和《なご》むものである。蕎麦だけでなく酒の味もいいが、店員の心遣《づか》いも満足の行くものだ。池波の行く時間は昼飯と日暮れの中間の頃だったが、その時間にもちゃんと店を開けているのがよい。

彼にとって蕎麦屋は一種の酒場で、それも大仰《おおぎょう》に構えない気楽な場所だった。そういうところでちょこちょこっと酒を飲むことに無上の喜びを見出していたのである。少年時代に株屋で奉公した経験を持つ彼にとって、日本橋室町は懐かしい場所で、そういう昔のことを思い出しながらひとり室町の〔砂場〕で酒を飲んでいる図は、それだけで短編小説のようだ。池波自身も当時の友人たちや取引先の大人たちの言動を小説に書いている。料亭の奥座敷なんぞではなく、こういう市井《しせい》の蕎麦屋こそ池波の世界なのだ。蛇足だが、文芸評論家の故・小林秀雄もこの店を贔屓《ひいき》にしていたそうだ。

**〔おすすめメニュー〕**
もり 715円、別製ざる 715円、天ぷら蕎麦 1760円

# まつや

（蕎麦）

東京都千代田区神田須田町1―13
TEL／03―3251―1556
営／11時～20時半（土祝～19時半）
休／日曜
❖MAP ④頁

いまでも、有名な蕎麦屋では、カレー南ばんを出さない。その是非はさておいて、私がよく足を運ぶ神田《かんだ》・須田町《すだちょう》の蕎麦屋〔まつや〕には、この一品がメニューにあって、それがまた、うまい。うまいといえば〔まつや〕で出すものは何でもうまい。『むかしの味』新潮文庫31頁

神田は池波正太郎好みの町である。何よりも江戸の風情を残した店がまだ数多く残っている。正確に書くなら江戸というより戦前の東京の情緒をとどめた、とした方が正しいかもしれぬ。〔まつや〕もその一軒で、濃密な東京の気分が店構えに漂っている。一歩入ると、そこは久保田万太郎や永井荷風の世界なのである。さらに大事なことは、店構え以上に店の人の応対の感じや態度で、うるさい池波正太郎のおめがねにかなった接客作法が、そこにはある。格好ばかりいくら昔風でも、中で働く人の人情や言葉遣《づか》いが今風では駄目なのだ。

また、彼ならではの蕎麦《そば》屋に対する要求、すなわち町を歩いていてフラリと酒を飲みたくなった時の酒と肴《さかな》の用意と営業時間においても、この店は池波正太郎好みの店である。午後の遅い時間にも開店しているのは、蕎麦屋としては大事だと彼は繰り返し書いている。蕎麦屋は昼間に酒を飲む場所でもあると言うのである。ビジネスマンにはむつかしいことだが、のんびり午後の酒を飲む場

所として彼は〔まつや〕を愛したのであった。そういう時間は当然のごとく店には中年以上の客しかおらず、子供連れや若い連中もまばらである。昼食時や晩飯時はその限りではないだろうが、〔まつや〕はそういう食事用の店としてよりも、昼間に心おきなく一本か二本の日本酒をちょっとした肴で飲むための店である。しこたま酒を飲む場所ではないが、ただ腹をいっぱいにするための蕎麦屋でもない。そういうのは他にいくらもある。あくまであっさりと切り上げる昼間の店なのである。熱い〔燗酒《かんざけ》〕と〔板わさ〕で、〔もり蕎麦〕二枚。これで三千円ほど。いつまでも今のままで存在していて欲しい店である。池波正太郎もあの世でそう思っているに違いない。何を食べてもうまい、と書いているがまさしくその通り。徳利《とっくり》ではなく猪口《ちょこ》に入って出てくる蕎麦のつゆは辛いが、辛過ぎず、かつ甘過ぎない。店主《あるじ》の舌に任せて毎日味付けが微妙に違うので、常連は今日のはどうだこうだと文句を言うのが楽しみになっているのだと聞いた。

〔もり〕の薬味は葱《ねぎ》だけだが、〔ざる〕には本わさびが付く。こういう造りの店にもかかわらず〔丼《どんぶり》もの〕や〔カレー蕎麦〕などを用意してあるのが、面白い。

ちなみに〔天ぷら蕎麦〕にも種類があって、大きな車海老が二本、丼からはみ出している〔天ぷら蕎麦〕は二千三百十円で、芝海老を三本使った〔天南ばん〕は千二百十円とお値打ちである。南ばんの名の通り、大きな葱が添えてある。また〔天ぷら蕎麦〕を卵でとじた〔天とじ〕というのもあって、こちらは二千三百六十五円。明治十七年創業という歴史に似合わぬ腰の低さとサービスには頭が下がる。またメニューにはないが普通の蕎麦よりも太く打ってある太打ち蕎麦（千二百十円）も予約をすれば食べることができる。

**〔おすすめメニュー〕**

もり770円、かけ770円、ざる935円、天もり2310円、
天ぷら蕎麦2310円、蕎麦掻き1210円、太打ち（要予約）1210円

# ぼたん

（鳥鍋）

東京都千代田区神田須田町1－15
TEL／03－3251－0577
営／11時半～21時（入店20時まで）
休／日曜、祝日
❖MAP ④頁

見栄《みえ》も体裁もなく、うまい鳥を客に安く食べてもらおうという商売の仕方で、これはいまも変っていないことが、三十年ぶりに行って見てわかった。『食卓の情景』新潮文庫332頁

池波と同様、筆者も久し振りに訪れて、何も変わっていないのに驚いた口である。玄関に下足番があって、靴を脱ぎ、上がると、一階の奥や二階にいくつも座敷がある。入れ込みの座敷が衝立《ついたて》で仕切られて、めいめい勝手な格好で鍋をつついている。玄関の裏手には西洋風にいうところのアルコーブ、つまりえぐったような席があって、ここが待合室。鳥肉は〔ささみ〕と〔つみれ〕の両方が用意されており、葱としらたきで味に奥行きを与える。鳥肉でやる〔すき焼き〕と思えばよい。

何も言わずに座っていると、よくおこった炭火の上に鍋が乗せられ、客は煮えるのを待って食べるだけである。ビールと日本酒を二本ずつ取って、ふたりで一万八千円ほど。昔ながらの、つまり明治以来の鳥鍋屋の雰囲気込みで、この値段は安いと言っていいだろう。池波が書いている通りである。日本人は、靴を脱いで、のんびり畳《たたみ》の部屋で鍋を前にする時が最も幸せを感じるのではない

か。椅子とテーブルの席より、二目盛りほどリラックスの度合いが深まる。いくらでも食べられるような気分になる。それはもちろんこの店ならではの割り下の力と、厳選された鳥の肉の旨《うま》さにもよるものであるが、客はそういうことより、座蒲団に座って鍋を囲み、酒を飲んでいること自体に酔っている。満足している。温泉と座敷があれば、大方の日本人は文句を言わない。テレビで繰り返し温泉番組と食べ物屋探訪番組が流されるのは、その理由である。入れ込みの店を池波はことのほか好むという印象があって、その数、十軒ではきかない。

文明開化の牛鍋屋みたいな造りの入れ込みの座敷はめっきり姿を消したが、そういう中で池波はわざわざそれを探し出すような感じで、東京中からピックアップしている。男の場合だって細いズボンだと座りにくいし、座るスペースも結構窮屈《きゅうくつ》で、じっと身を縮ませるような格好になる。女性の場合はもっと大変で、タイトなスカートだったら、入れ込みで食事をするのは一種の難行苦《なんぎょうく》行《ぎょう》である。それでも、椅子とテーブルの席より和《なご》む、というのはいったい日本人とはどういう感覚なのであろう。よほど、畳と障子《しょうじ》のしつらえに弱いのである。そして、直《じか》に床に腰をつけるスタイルに究極の和みを感じるのである。

充分に堪能し、鍋の中が空になったので、残り汁の中にウドンでもと言うと、ウチは麺《めん》類はないんですという答え。だって近所の〔藪《やぶ》蕎麦〕さんに悪いでしょう。

戦前から勤めているようなおじさんが応える。

ここんちの娘さんが〔藪蕎麦〕さんに嫁に行っているんですよ、と笑いながら教えてくれた。

〔ぼたん〕の娘さんは〔藪〕に嫁《とつ》いだのである。

**〔おすすめメニュー〕**

鳥すき焼き１人前8000円、鳥肉（お替り・大）2100円、焼鳥700円、もつ焼き700円、玉子焼き600円

# いせ源【いせげん】

あんこう鍋というのは、食べつけたら、それこそ「たまらない……」ものだそうな。それほどに熱中してはいない私だが、酒に、あんこうはよいとおもう。『食卓の情景』新潮文庫338頁

（あんこう鍋）

東京都千代田区神田須田町1―11―1
TEL／03―3251―1229
営／平日11時半～14時、17時～22時
土日祝11時半～22時
休／（4月～9月）土日祝
（10月～3月）無休
❖MAP ④頁

〔あんこう鍋〕の代名詞のような店である。掃除の行き届いた、古い旅館のような玄関を上がると下足札を渡される。これが会計の時の引き換え札になる。昔はどこにもある普通のシステムだったが、現在《いま》ではうんと減ってしまった。もうこれだけで明治大正の時代にタイム・スリップしたような気持になる。上から見下ろすようにのぞくレジつまり会計も、昔風にお帳場、という気分だ。階段を昇って、入れ込みの席に着くと、有無を言わさず鍋が運ばれてくる。もうここでは〔あんこう鍋〕をつつくしかないのである。鍋は一人前からでも注文できて、三千五百円である。座るとまずメニューが渡されて、それからおもむろにコースやア・ラ・カルトから一品を、というようなオーダーのスタイルは、西欧風なのであろうか。この店に来たらもうこれっきり、という注文の仕方には伝統と余裕の両方を感じる。この店のように売り物が一品の場合はメニューの必要がないわけだが、それは自信の現われでもあるのだ。ゆっくりメニューを見渡すのは西欧風のレス

トランでは楽しみとして昇華している。それがないのは残念なような気もするし、座ったらいきなり準備がはじまるのはいかにも日本的な性急さを感じるが、しかし最初からこの店にはそれ以外を要求していないのだから当然、とも言える。他の料理、たとえば〔あん肝《きも》〕などは紙に書いて、壁に貼ってある。メニューなんぞ不要だろうと、店の側は言いたげである。ガスに火が点《つ》けられ、鍋が煮えるまで和製フォア・グラとも言うべきあんこうの肝、いわゆる〔あん肝〕でビールや日本酒をやる。

鍋をはさんで向かい合うと、いつも顔を見ている仲なら照れてしまうが、しんみりと話をするには良いセッティングである。周りの客の、仕事上のトラブルや私生活の些細《ささい》な事柄が聞くともなく聞こえてくる。

池波の小説では、こういう時に小耳に挟んだ情報から、思わぬ事件が巻き起こったりするんだよな、と思っていると鍋が煮え上がる寸法だ。天保元年創業という店の二階に落ち着くと、それだけでもうほとんど〔鬼平〕の登場人物になった気になっている。盃《さかずき》を持つ指先がいつもと比べ、自意識過剰気味だ。

あんこうは奇怪な容貌《ようぼう》の魚だが、肉の歯ごたえはコリコリとスッポンのようである。のんびりと口に運びながら酒を飲んでいると、いい気分になってくる。鍋と、神田という土地柄が溶け合って、一種のセラピーつまり鎮静治療になっているのだろう。

当然だがここも、女店員のもてなしもよく、それも落ち着ける要因である。

〔おすすめメニュー〕
あんこう鍋1人前3500円、あん肝1500円、コース8500円から

# 竹むら【たけむら】（甘味）

神田・須田町の〈竹むら〉へ入ると、まさに、むかしの東京の汁粉屋そのもので、汁粉の味も、店の人たちの応対も、しっとりと落ちついている。『むかしの味』新潮文庫40頁

東京都千代田区神田須田町1―19
TEL／03―3251―2328
営／11時～20時
休／月曜、日曜、祝日
❖MAP ④頁

出される箸《はし》は普通の三分の二ほどのサイズである。男独《ひと》りで、その小さな箸を使って〈ぜんざい〉などを食べていると、何かやるせない気持になるが、甘い物屋だから仕方がない。小学生の時分に一人だけ女の子の誕生会に呼ばれたような感じである。

池波正太郎は酒を飲む人間だったが、甘い物も決して苦手ではなかったことは、よく知られている。酒飲みが甘い物を避けるのは日本だけのことで、少なくとも欧米では、たっぷりとワインと肉の食事をとった後で、生クリームや果実で作られたデザートを、大の男が美味しそうに食べているのを見るのは普通のこと。デザートも立派な料理のコースという認識があるからである。また、メインの食事で満腹になっていても、デザートは別のところに納まると知っている証拠でもある。

和風の甘い物はあんこが基本である。小豆《あずき》から作られるあんこは、日本人の甘味の原点として長く親しまれてきた。厳選された素材で作られるあんこは味覚としても優れたものを持っていると思

う。酒飲みだからと、これを遠ざけるのはもったいない。テイクアウトも可能な名物の〔揚げまんじゅう〕は二個五百円、〔粟《あわ》ぜんざい〕は八百三十円で、これもうまそうだが、筆者は〔田舎じるこ〕を頼んだ。

〔竹むら〕は池波正太郎の愛した神田界隈《かいわい》のほぼ中心に位置し、いくつかの銘店《めいてん》を回って、ちょっと休憩したい時の、いわば句読点のような存在である。小さな店だ。空襲に遭《あ》わなかったから、池波が書いているように昔のままのたたずまいが、まるで映画のセットのように残っている。

午後の遅い時間に行くと、ランドセルを背負った小学生の女の子と母親が、座敷で〔あんみつ〕を食べていたりする。近所に住む親子なのであろう。大きくなって、〔竹むら〕で母親と一緒に〔あんみつ〕を食べたことを思い出すことだろう。

山の手から下町の大店《おおだな》に嫁いで数十年、というような白髪の上品な女性が〔お汁粉《しるこ》〕を食べていたりもする。お茶と一緒に出される桜の花びらを浮かべた〔桜湯〕を手にするしぐさが、なんともエレガントである。

〔竹むら〕のような店は、本来なら東京都なり千代田区なりが、しかるべき手立てをして保存に協力するべきで、海外なら多分そうしているはずだが、日本はそうではない。もっとも、誇り高い下町の気質が、そういうお上の介入を潔《いさぎよ》しとしないかもしれないが。逆に言うなら、個人商店が立派にこのような店を存続させていることに、感動する。筆者の勝手な感動も、当事者は余計なお世話だと感じるのかもしれないが。

今の時代、古くて価値のあるものを残すというのは色々と考えさせるものである。

**〔おすすめメニュー〕**
粟ぜんざい(10月頃～5月末)830円、田舎じるこ800円、
くず餅620円、揚げまんじゅう(2個)500円

# 松栄亭【しょうえいてい】（洋食）

東京都千代田区神田淡路町2−8
TEL／03−3251−5511
営／11時〜14時、17時〜19時半（19時ＬＯ）
休／日曜、祝日
❖MAP ④頁

単に、出された料理を食べるというだけではない。この店の風格を愛して四十年も食べつづけている客がいるそうな。

『散歩のとき何か食べたくなって』新潮文庫42頁

〔トンカツ〕と〔ロール・キャベツ〕（現在は提供していない）を頼み、ビールを一本もらう。夕方だったが、幸運にもすっと入って、すっと座れた。注文をし終わったら、続けて客が入ってきた。すぐいっぱいになる。狭い店だから、こういうタイミングがむつかしい。ひとりでぼんやり、そんなことを考えていたら〔ロール・キャベツ〕がやってきた。じっくりと煮込んだキャベツの中にピンク色をしたミート・ローフが入っている。モダンだが、どこか懐かしい料理である。ナイフを入れるとすいすい切れる。切ったところから旨そうな香りが立ち上がる。黒っぽいグレービー・ソースに中の肉を浸《ひた》して食べる。美味しい。思ったよりさっぱりしているのは、現代風にやや優しくしてあるからか。

ビールを注いで飲み、また注いで飲む。ビールは当然、〔キリンの中瓶〕である。これが六百円。居酒屋ではないからビールで儲《もう》けなくともいいのだろう。ちなみに〔トンカツ〕は千円である。

〔ハンバーグ〕や〔チキンカツ〕も、また同じ値段。食べているのは近所の人が三割で、あとははるばるこの店に洋食を食べに来た人である。その内の半分が何がしかのガイド・ブックを手にしている。〔松栄亭〕は音に聞こえた洋食屋なのだ。しかし、それにしてはごくまっとうで、あたりまえである。こういう普通っぽさが、逆にこの店を長続きさせて来たのだろう。

〔トンカツ〕がやって来る。御飯を頼まず、ビールのおかずにする。やや小振りで、トンカツ屋のそれではなく、洋食屋の〔トンカツ〕になっている。洋食屋のは、きちんと形が整っているのが特徴だ。これまでの取材では、中で〔たいめいけん〕だけが、奔放な格好をしていた。その分〔たいめいけん〕のはお値打ちになっていた。〔松栄亭〕のトンカツの味は大変に上品である。

〔松栄亭〕の創業は明治四十年と古い。かの夏目漱石もこの店の〔かき揚げ〕を食した、とある。〔かき揚げ〕が洋食屋のメニューに載っていた時代があったのだ。当然今でもここでは〔洋風かき揚げ〕を食べさせる。

この地に以前あった同和《どうわ》病院の隣に〔松栄亭〕はある。崩れそうな病院だったが、ここには小月《おづき》冴子《さえこ》が入院していたのだと、店のおかみさんが顔見知りの客の婦人に言っていた。小月冴子と言われて、ぱっと顔が浮かぶ人は今ではもう相当少ないだろう。小月を見舞いに、川路龍子《かわじりゅうこ》がこの病院に来た時は、店を放《ほう》って見に行ったと、おかみさんは話していた。病院のロビーで踊ったりしたのだろうか。

〔松栄亭〕は、こういうレトロで浮世離れした話が似合う店である。

**〔おすすめメニュー〕**
洋風かき揚げ950円、トンカツ1000円、
ハンバーグ1000円(すべて一品料理、ライス別)、
オムライス900円

# 神田藪蕎麦【かんだやぶそば】

（蕎麦）

先《ま》ず〈藪〉で、みんなと待ち合せる。酒を一、二本というところか。

『散歩のとき何か食べたくなって』新潮文庫38頁

東京都千代田区神田淡路町2−10
TEL／03−3251−0287
営／11時半〜20時LO
休／無休（1月と8月に季節休あり）

❖MAP ④頁

日本の蕎麦屋の原点と言ってよい店である。味も店構えも、きっと昔はみんなこうだったのだろう、と思わせる。もちろん池波好みの店員の態度も。土間に椅子とテーブルがゆったりと並び、畳に上がって入れ込みで食べたい客には、その用意もある。

席数は全部で百席ほどであろうか。蕎麦屋としては広い方である。開け放った窓から小さな庭さえ眺められる。外人が珍しそうに蕎麦をたぐっている姿も時に見られる。そういう店である。

そして圧倒的にここは男の店である。ただ食欲を満たすためだけにある普通の蕎麦屋とは違って、蕎麦を食べることにまつわるもろもろの条件を過不足なく満たしているのだ。

〔せいろ蕎麦〕つまり普通の〔もり〕をここでは〔せいろう〕と呼ぶ。この〔せいろう〕や〔かけ〕が八百二十五円。まずまずの値段だ。みなさんビールや日本酒に、一品肴《さかな》を取って〔せいろう〕二枚で仕上げるという塩梅《あんばい》。

客の注文を奥に通す時、店員の女性たちが低く復唱する。中央にしつらえらえたレジのカウンターで主人らしき人が、これを受けて、やはり低く唱える。店内にその声が飛び交うさまは、宗教的ですらある。靖国通りの淡路《あわじ》町の交差点からすぐの場所で、奥まった感じが、蕎麦屋というより料亭のようで、知らない人には入りにくいかもしれない。敷居が高い、と思う人もいるだろう。しかし、臆《おく》することはない。ただの蕎麦屋なのだから。ちゃんとお金を払う限りは老若男女の別なく、誰でも入れるのだ。ただ、これは近所の〔まつや〕もそうであるが、俺は神田の〔藪蕎麦〕で蕎麦をたぐっているんだという、かなり肩に力の入った客が多いのが気になった。この店に身を置くと自然に自意識が数レベル過剰になってしまうらしいのだ。それくらいちゃんとした蕎麦屋であるという証明であろう。蕎麦湯が塗りの桶《おけ》ではなく土瓶《どびん》で出てくるのがおもしろい。

明治十三年創業と、古さと伝統では他の店にはひけをとらない〔神田藪蕎麦〕は、大袈裟《おおげさ》に言えば日本中の蕎麦通が気にかけている蕎麦屋である。そのためにいつも客が店先からあふれている。待つ人のための席も用意されているが、ピーク時にはそれも満員になって、店の外で列を作って待つ騒ぎである。池波はこういう繁盛した光景を避ける意味もあって、午後の遅い時間を選んだのであろう。しかしそういう人気振りにも流されず老舗《しにせ》の味を守り、流儀を貫いているのは見事である。季節には〔白魚《しらうお》蕎麦〕や竹の子を使った〔若竹《わかたけ》蕎麦〕などがあるし、江戸前の穴子《あなご》を使った〔穴子南ばん〕もある。こういう江戸情緒がいかにも似つかわしい。

（二〇一三年の火事で、建物は全面的に新築している。現在は一階席のほかに二階に個室三部屋があり、八千八百円と一万一千円のコース料理を用意している）

**〔おすすめメニュー〕**
せいろう 825 円、かけ 825 円、天ぷら蕎麦 1925 円、
鴨南ばん 1925 円、穴子南ばん 2530 円

# 花ぶさ【はなぶさ】

（割烹）

東京都千代田区外神田6―15―5
TEL／03―3832―5387
営／11時半～14時半、17時半～22時
休／日曜、祝日
❖MAP ⑦頁

はじめて入ったときから現在まで、この店のおかみさんをはじめ店の人たちのあつかいは全く変らぬ。つまり、通りがかりに入った、はじめての客への親切が、いまも変らぬということで（略）。

『散歩のとき何か食べたくなって』新潮文庫62頁

最近気に入っている日比谷の日生劇場地下のレストラン〔レ・サブール〕（現在は閉店）のバーから電話を入れ、予約をして行った。ちなみにここは〔アクトレス〕として知られた店である。初めてですが、と断わって、日比谷からタクシーだと、どう行けばいいのでしょう、と尋ねたら実に懇切丁寧《こんせつていねい》に教えてくれた。

この女将《おかみ》が佐藤雅江さんである（二〇一八年に亡くなった）。池波は彼女に気学を教わっている。

外神田という地名であるが、場所としては上野広小路《ひろこうじ》を松坂屋のかなり手前で左に折れたあたり。神田より上野のはずれ、と考えた方がよい。練成《れんせい》中学という印象的な名前の中学の向かい。気持の良い店である。店の人が楽しそうに働いているのがいい。決してわかりやすい場所にあるわけではないから常連が多いようだが、初めての客にも優しい。池波が誉《ほ》めているのも、よくわかる。

割烹《かっぽう》というのは敷居が高いものだが、その割にすっと入っていけたのは、電話で予約した時の優し

い対応が印象的だったからだろう。

池波の本で紹介してあった〔千代田膳〕をいただく。池波自身の命名によるものだ。当時、つまり『散歩のとき何か食べたくなって』が書かれた四十年ほど前に四千五百円だったものが、現在では六千六百円になっている。都心の店なら一万円で出しても文句を言われないだろう。

ビールと、日本酒を冷やでもらう。筆者のいつものパターンである。冷用酒ではなく普通の日本酒を、冷たいままで飲むのである。

〔千代田膳〕はコースであるから〔お造り〕に〔煮物〕〔焼き物〕〔揚げ物〕〔酢の物〕〔野菜〕に〔お椀《わん》〕と、一通りの物が出る。どれも美味しかったが、印象に残ったのは〔突き出し〕で、これは唸《うな》った。チーズのような歯ざわりで、不思議な味だが旨い。女将の佐藤さんに、いったい何でしょうと尋ねると、カウンターの向こうで指示を与えている板長に聞いてくれた。

豆腐をもろみ、つまり味噌《みそ》に漬けたものです。

これが豆腐とは。コースの仕上げは二口ほどの〔焼き穴子のミニ御飯〕。ガラスの器に入った冷えた〔素麺《そうめん》〕も登場する。どれも気が利いていて、美味しい。

充分に堪能して勘定をする。ビールと日本酒が二本に〔千代田膳〕で、お二人様一万六千円ほど。これは相当お値打ちである。昼には女性に人気の〔花ぶさ膳〕もあり、こちらは四千二百円である。現実にあんな店があったらいいなという割烹が時々テレビに登場するが、〔花ぶさ〕はどこかでそれに近い。

どうです、行ってみたくなったでしょう。

**〔おすすめメニュー〕**
花ぶさ膳 4200 円、千代田膳 6600 円（サ別）。要予約

# 古瀬戸珈琲店【こせとコーヒーてん】（喫茶）

東京都千代田区神田小川町3－10
江本ビル2階
TEL／03－3233－0673
営／10時〜22時（日祝〜21時）
休／無休

❖MAP ⑤頁

それから、ぶらぶらと小川町まで歩き、かねて、うわさに聞いていた〔古瀬戸コーヒー店〕へ入る。なるほどうまい。ブレンドのつぎにモカをのみ、ついでに家でのむためにブレンドの粉を買って帰る。

『池波正太郎の銀座日記［全］』新潮文庫107頁

駿河台《するがだい》から、JR御茶ノ水駅へ向から坂を少し上がった左側にある。狭くて急な階段を昇ってドアを開けると、中は意外に広い。ズラリとコーヒーカップが並んでおり、瀬戸物がたくさん並べてある。

そもそもオーナーが瀬戸物が好きで、それで〔古瀬戸〕の名が付いたという。映画「荒野の決闘」で登場するような黒くて長いカウンターが設けられており、ニューヨークやボストンのアイリッシュ・バーのような気分である。その場で豆を挽《ひ》き、客の目の前でペーパー・フィルターでいれてくれる。ドリップは三穴のメリタである。

コーヒーとは結局豆の鮮度と、それをどう煎《い》り、かつどのようにいれるかで決まる。ネルの布でいれる店や、サイフォンの店があるが、ペーパー・フィルターがどうも一番コーヒーらしく出来上がるようである。ペーパーのドリップ式のコーヒーのいれ方は家庭でも簡単に出来るが、ポイントはお湯がグラグラに沸《わ》いていることと、それを細い注ぎ口のポットで粉に注ぐこと、この二点に尽きる。つまり沸騰したお湯でコーヒー粉をむらすのだ。これでコーヒーの味を引き出す。お湯がぬるかったり、注ぐ量が多過ぎたりすると、うまくむれない。加えてコーヒー豆の挽き方。あまり細かくても、逆に粗《あら》過ぎてもうまくむれない。ペーパー・ドリップ用のコーヒーの挽き方がある。以上を守れば、家庭でも美味しいコーヒーが味わえる。

〔ブレンド・コーヒー〕が五百二十五円、というのは学生の多い神田界隈《かいわい》ではやや高い方だが、美味しいコーヒーとはどういうものかを教えてくれる、という意味では決して無茶な値段ではない。池波もきっと〔古瀬戸〕のいれ方を真似して、自宅で美味しくいれたことであろう。すぐ近くの神保町にも支店がある。喫茶店に一種の和みを見出すのは、たとえばパリのカフェとか、酒の店だが英国のパブ、さらには喫茶店のルーツと言われるウィーンのコーヒー・ハウスなど世界各国に共通して存在する。これは人間の変わらぬ感覚なのである。

日本人の喫茶店に対する思いも、ハイカラ気分と同時に浮世床《うきよどこ》のような市井《しせい》の情報交換の場としての機能が複合しているが、基本は世界各地の人々の集まり、場所としてのカフェやパブと同じものである。いかにも人間くさい場所であり、人間通であった池波にとって格好の世相観察と情報収集の場所だったのであろう。都会にだって人間の心が触れ合う場所はちゃんと存在する、というのは一貫して町っ子の姿勢を持ち続けた池波の主張で、ここで大人になる訓練や人間の本当の姿を学んだのである。学歴のない池波にとって、町こそ最高の学校であり、種々の店はそれぞれが〔まなびや〕だったのだと、あらためて思う。

**〔おすすめメニュー〕**
ブレンド525円、アメリカン525円、ストレート・コーヒー525円、チーズケーキ470円

神田

# 山の上【やまのうえ】（天ぷら）

東京都千代田区神田駿河台1―1
山の上ホテル本館1階
TEL／03‐3293‐2311
営／11時～15時（土日祝～15時半）、17時～22時
休／無休
❖MAP ⑤頁

結局、〈山の上ホテル〉の天ぷら〈山の上〉へ行く。調理主任の近藤文夫君が、

「きょうは、鯒《こち》のいいのが入りました」

「じゃあ、薄く、やってもらおうかな」

『池波正太郎の銀座日記［全］』新潮文庫118頁

〈文化人の・山の上ホテル〉というキャッチ・フレーズは嫌いである。文化人じゃない人は、行ってはいけないみたいではないか。

と、嫌味を言いたくなるのは、ここが相当気持のいいホテルだからで、行き届いている、という意味では日本のホテルの中でも一、二を争うホテルではなかろうか。程のよい大きさも、これには影響している。客が迷子になってしまうようなサイズは、もうそれだけでホスピタリティ失格である。バーでマティーニをこさえてもらって、のんびりと飲んでから〈てんぷら山の上〉へ行った。料理長は池波の時代とは代が変わって、深町正男さん（当時）である。前任者は独立した（〈てんぷら近藤〉24頁参照）。檜《ひのき》のカウンターと料理人と大きな冷蔵庫だけのシンプルな構えは、ただ美味しく天ぷらを食べるためだけにあるようだ。以前、打合わせでテーブル席は何度か利用したことがあったが、カウンターはまた気分が違う。

それにしても、神田という出版関係の会社が多いこの地で、このようなホテルを経営するというのは実によく考えたものである。ニューヨークの「アルゴンクィン・ホテル」という文壇ホテルを思い出す。日本人なら誰でもあこがれる京都の「俵屋《たわらや》」とか「炭屋《すみや》」のような旅館を、現在の東京でやるとすると、こういう格好になるのかもしれぬ。

池波の話を深町さんにすると、今座っている太い柱の脇の席が池波愛用の場所だったと教えてくれた。それだけで、お酒が入ったせいもあって、感激してしまった。コースは夜は一万一千円から。町場《まち》の天ぷら屋よりやや高いが、それだけのことはある。コース以外のア・ラ・カルトももちろん頼める。オリジナルの「変わり揚げ」も用意しており、満足の行く出来である。酒も厳選してあり、店員の態度もキビキビしている。

ホテルに籠《こも》って原稿を仕上げた後、ここでのんびり天ぷらと酒をやるのは悪くない。カンヅメという日本的な執筆システムを体験したことはないのだが、こういう店があるホテルでなら、一度くらいは経験してみたいと思う。

以前は宿泊客に限って十品以上のおかずを用意した朝食を出していたとかで、池波もそれを書いているが、今日ではやめてしまったらしい。さぞいい気分の朝食だったことだろう。この朝食を食べるためだけに、ここに泊まった人の記事を読んだことがあるが、いかにも「文化人の・山の上ホテル」らしい。

食べた後、すっかり文化人している自分に気がついた。

**〔おすすめメニュー〕**
天ぷら定食（昼）6600円から1万4300円まで、
（夜）1万1000円から1万9800円まで（すべてサ別）。
土日祝は要予約

# 松翁【まつおう】

（蕎麦）

東京都千代田区神田猿楽町2−1−7
TEL／03-3291-3529
営／平日11時半〜15時LO、17時〜20時LO
土曜11時半〜15時半LO
休／日曜、祝日
❖MAP ⑤頁

雑用を片づけるために、数日前から、山の上ホテルへ泊っている。朝昼兼帯の第一食は、ホテルに近い、蕎麦《そば》屋の〔M〕ですませる。この店は、そばもよいが、うどんが旨い。きょうは、なべやきうどんにする。

『池波正太郎の銀座日記［全］』新潮文庫448頁

神田の蕎麦屋には池波の贔屓《ひいき》として〔まつや〕や〔藪蕎麦《やぶそば》〕がある。だが〔山の上ホテル〕からだと、少し遠い。元気な時にはなんでもなかった距離が、晩年に近くなると相当こたえている様子が、『銀座日記』を読むとわかる。で、〔M〕の登場となる。ところで一体〔M〕とはどこであろうか。

神田界隈の名店を探すと、この池波の定宿からすぐのところに一軒、近頃とみに名を上げた店があるのに気付く。〔松翁〕である。早速行ってみる。

神田や御茶ノ水は長く学生の町とされて来た。今日でも多くの大学や専門学校、予備校が軒《のき》をひしめいている。しかし一方で、その地の利の良さから企業がここに巨大な自社ビルを建てたことで、オフィス・エリアに変身しているのも事実である。日立や三井海上といった大企業がこの付近に移ってきたのはここ三十年ほどのことである。

これがあたりの雰囲気をゆっくりと変化させている。学生街の喧騒《けんそう》が、落ち着いたオフィス・ビルの醸《かも》し出す大人の雰囲気に変わって来ているのだ。〔松翁〕はこのような新しい神田、御茶ノ水の表情を持った地域にある。集英社やアテネ・フランセ、主婦の友といったビルも近くにある。

全部で二十四席という店内は、蕎麦屋としては狭い方である。その上、店内には手打ちの蕎麦をいつでも打てるようなスペースまである。窮屈といってよいだろう。それでも、店の雰囲気は美味しい物を食べさせる予感に満ちている。

壁には品書きが貼られていて、目立つのは日本酒のバリエーションである。ここはゆっくり酒を飲ませる蕎麦屋であるらしい。池波好みではないか。

二色もり千百円、ざる蕎麦千円とある。ここは二色をお願いする。

普通の蕎麦と、もう一種類のバリエーションが二山ずつざるに載《の》って登場する。

これは都心の名店よりお値打ちである。二百グラムあるらしい。もりを二枚頼んでも、ここまで量がない店は多い。蕎麦で腹をふくらませるのは邪道とは思いつつも、量が少ないよりは多い方がいいに決まっている。

「甘口と辛口がありますが」店の人が尋ねる。つゆにも二種類ある。辛口をお願いする。化学調味料は使っていないと聞いた。細みの蕎麦はどちらも美味しく、歯ざわり喉越《のどご》し、申し分ない。

薬味も、ワサビ、胡麻《ごま》、葱と小皿で登場する。

満腹にはならないが、堪能したという思いは得られる。いいことだ。

今度は池波にならってうどんを試してみよう。それと日本酒も。

**〔おすすめメニュー〕**
ざる 1000 円、二色もり 1100 円

# 揚子江菜館【ようすこうさいかん】 （中華）

東京都千代田区神田神保町1―11
℡／03―3291―0218
営／11時半～22時
休／無休
❖MAP ⑤頁

それでも気力を出して神田の〔Y〕へ行き、上海《シャンハイ》風やきそばにシューマイで、ビールを半分ほどのむ。『池波正太郎の銀座日記［全］』新潮文庫273頁

神田の古書街を〔すずらん通り〕という小道が通っている。靖国通りの一筋日比谷寄りである。駿河台側からここを歩くと、九段寄りの出口にあるのが、〔Y〕こと〔揚子江菜館〕。通りを渡ると救世軍の本部である。いかにも神田らしい界隈だ。

元は池波好みのひなびた中華料理店だったのであろうが、現在では近代的なビルになっている。悪い予感を感じながら店に入ると、パサパサの〔やきそば〕を食べている客が目に入った。いかにも不味そうな色であり、形である。トイレットの前の席しか空いておらず、しかたなくそこに腰を落ち着け〔上海やきそば〕を注文する。千三百二十円也。出てきたのはさきほど目にした、パサパサの〔やきそば〕であった。悪い予感は当たるのだ。なるべく美味しくなく作るとこうなる、という見本のような〔やきそば〕であった。半分ほどで諦《あきら》めて、店を出た。隣の客はつゆそばで〔鳥のラーメン〕のようであった。あれは旨そうだ。

今回はチョイスの間違いだったのであろう。池波のためにもそう思うことにする。ものの本では誉めてある〔上海やきそば〕である。しかし他の店で繰り返し食べた〔やきそば〕の方が、どれもみな美味しかった。どう考えてもあれではおかしい。

池波は〔やきそば〕のようなあたりまえの中華を好む人だったから、色々な店でこれを食べている。普通のものを普通に食べさせて、それが美味しいのが最高というのが池波の、中華に限らずすべての料理に対するスタンスである。〔やきそば〕の材料はモヤシや豚肉、白菜、たまねぎである。どこをどういじろうとしても、動かせない材料であり味付けであるはずなのに、あの仕上がりはなんだろう。ひとつ考えられるのは、作り置きをしていたのではないかということ。人気のメニューで昼食時だから、これはありえる。

今回の池波の味の追跡では意外な発見や楽しい体験をしたが、総じてプラスの反応で、ガックリ来る店はほとんどなかった。そういう意味で、ここは再挑戦をして汚名をそそぐべきであろうが、〔上海やきそば〕はどうにもならなかった。池波は〔五目冷やし中華そば〕も食べている。これはどうだったのだろう。

筆者はけなすのが好きではないので、店のためにも満足の行く料理に出会いたいと思う。ただ、池波の頃と違い近代的なビルになったことで、神経が行き届かなくなるという傾向はこの店に限らず、ある。効率と合理化ばかりを追求することで味がおろそかになるのである。誰だって不味いものを出そうとして作るわけではないのだが、結果的にそうなってしまうのが食べ物ビジネスの世界なのだ。京劇の面をあしらったマッチや箸《はし》袋がいい雰囲気を出しているのに、惜しい。

**〔おすすめメニュー〕**
五目冷やし中華そば 1540 円、上海やきそば 1320 円

# 金寿司【きんずし】（鮨）

東京都台東区浅草1－4－11
TEL／03－3841－9272
営／12時～22時
休／月曜
❖MAP ⑥頁

先ず、入って、「今日の、いちばん、うまいものを出してくれ」と、いうと、たとえば鮑《あわび》なんかブツブツと切ってくれる。そのうまいこと、安いこと、うれしくてたまらなくなってくるのだ。

『散歩のとき何か食べたくなって』新潮文庫176頁

基本的に仕事で行く店や、会う人は、こちらで選べないわけだから、時に辛い気持になることもあるのだが、池波の愛した店をまわる今回の仕事は、まずほとんどが楽しい作業であった。〔金寿司〕など、その最たるもので、漫才の内海好江《うつみよしえ》師匠に似た女性が、独りで切り盛りしている店だから、まるで浅草の親戚の家で気のいい叔母さんと食事をしているような感じであった。池波が好きになるのも無理はない。

ビールと日本酒、銘柄は〔白雪〕である。それに美味しいものを何かみつくろって、と頼むと、うちは美味しい物しかないという返事。それは失礼と、ケースの中の貝をお願いする。出てきたのは大きな天然の〔帆立貝《ほたて》〕。それに〔マテ貝〕そして〔トリ貝〕。圧倒される量と質である。天然の帆立は貝殻が大きく、そして白い。桜色の肝《きも》の部分は何もつけずに食べる。いちいち、食べる部所によって醤油《しょうゆ》やワサビのチェックが入る。それが決して嫌味でないのが下町のいいところだ。

本当は〔鮪《まぐろ》〕だって〔鯛《たい》〕だって置いてあるけどね、鮨屋だからさぁ。

こういう言い方をするのだから、客としては出してくれる貝類を、ただ美味しい美味しいと食べるしかない。否定のかたちで相手にものを言うのは下町ならではのレトリック。だから本当はこうなのよと、客は言葉の裏にあるものを理解しなくてはならないのだ。気のいい叔母さんの家で食事しているようだと書いたのは、そういう意味でもある。

どうしても〔トロ〕が食べたければ出してくれるだろうが、どこでも出してくれる〔トロ〕を食べるより、店がすすめるものを食べた方が旨《うま》いに決まっている。こういうやりとりが面倒だという人は、ファストフードの店へ行ってハンバーガーとコーラを頼めばいいのだ。きっと、ポテトもお付けしますかと、マニュアル通りの笑顔でお嬢さんがのたもうだろう。ハンバーガー屋なんぞと比べては申し訳ないが、〔金寿司〕はその対極にある店だ。

はっきり言って、〔金寿司〕は小綺麗《ぎれい》な店ではない。近い将来ビルにする予定があると聞いた。そして、ビルになってしまえば値段なども変わってくるであろうし、そうなれば贔屓《ひいき》の客もかなり減ってしまうだろう、とおばさんは言い切る。浅草でこういう店をやるのは、今や希少価値なのである。それだけに、今の状態でなんとかやっている内に、一度は訪れるべきであろう。なにしろ材料が飛び切りだし、価格は驚くほど安いのだ。浅草の雷門から、すぐの距離である。地下鉄の駅から歩いて数分の場所。ちなみにビール一本、日本酒二本、それに肴《さかな》として上記の貝を頼み、〔小鰭《こはだ》〕〔車子《しゃこ》〕〔穴子《あなご》〕を握ってもらって、〔蛤《はまぐり》〕のおすましを付け、二人で九千八百円。鮨好きなら、その値段の価値に気づくはずである。是非また来たいと思うはずである。

**〔おすすめメニュー〕**
にぎり、ちらし1000円・1500円・2000円、
おまかせで1500円(5貫)から

# 中清【なかせい】

（天ぷら）

東京都台東区浅草1-39-13
TEL／03-3841-4015
営／11時半～14時、17時～21時
休／火曜、第2・第4水曜
❖MAP ⑥頁

ふところがあたたかいときは、浅草の〈中清〉の天ぷら。

『食卓の情景』新潮文庫102頁

浅草を代表する天ぷら屋であり、東京でも一、二という格式のある天ぷら屋である。池波は祖父に連れられて通ったようだが、懐《ふところ》に余裕がないと足が運べない店であった。〈中清〉があるのは、煉瓦《れんが》造りの浅草公会堂の向かいの路地を入ったところ。この公会堂の周りには浅草でもクラスの高い店が並んでいる印象がある。料亭のようなエントランスで、入る人間に一種の緊張を強いる店である。だがあらかじめ営業時間を電話で尋ねた時応対がとても良かったので、少し安心していた。自動ドアを入ると、涼しそうな石のフロアになっている。奥に座敷があり、横手に手入れのいい庭が見えるが、今回はこの手前の椅子席で天ぷらをいただくことにする。なにか待合室で食べるような格好であるが、それでも落ち着いた店内は天ぷらを食べる期待感を盛り上げてくれる。〈天ぷら定食〉三千三百円をお願いする。庭を見ながら座敷で食すコースには八千八百円から一万三千二百円まであるようだ。ここはまたいつか別の機会に訪ねてみよう。

ビールを頼み、汗が引くのを待つ。取材に訪れたのは、七月の暑い盛りであった。汗が引いたら日本酒を冷やで頼む。銘柄は〔白鹿〕で、これは旨かった。ビールはキリンだが定番のラガーではなく〔一番搾り〕。〔天ぷら定食〕の天ぷらは、〔うな重〕の重箱のような容器に入って登場する。塗りの入れ物で、中に油を落すための網が敷いてある。かなり大きな箱で、ということは天ぷらも結構な量がある。すなわち〔車海老〕の大きな天ぷらと〔白身の魚〕の天ぷら、それに〔穴子〕の天ぷら。これだけでもかなりいい量だが、加えて芝海老の〔かき揚げ〕が付くのだ。さすがに〔中清〕である。

どれも美味しく揚げてあり、材料も吟味されているが、なぜか〔天つゆ〕が弱体である。特に暑い盛りだから、つゆは多少濃いめがよいと思うのだが、頼りない。といって塩やその他の調味料の用意があるわけでもない。これは不親切であろう。天ぷら屋の天ぷらの死命を制するのは実は〔天つゆ〕と、それに連なる調味料である。筆者は常々書いてきた。天ぷらがどんなに良い材料を使い、上手に揚げてあっても、これだけでは食べられないのだ。それが天ぷらという料理なのである。鮨における醬油よりも、もっと重大な任務を、〔天つゆ〕やその仲間は負っていると言っていい。そういう意味で〔中清〕の〔天つゆ〕は、お上品に過ぎた。浅草という土地柄からすると、もっとくだけた、昔ながらの〔天つゆ〕があっていいと思うし、もしそういう大衆性が嫌なら、オプションとして辛い〔天つゆ〕を用意しておいたらいい。御飯の量や味噌汁の味付けからすると、この店は相当品良くやろうとしているらしい。それは結構だが、肝心の天ぷらの食べさせ方に芸がないのが残念であった。



**〔おすすめメニュー〕**
天ぷら定食3300円、かき揚げ定食（雷神揚げ定食）3300円、コース（座敷）8800円から（サ別）。座敷は要予約

# ヨシカミ

（洋食）

東京都台東区浅草1‐41‐4
TEL／03‐3841‐1802
営／11時半〜22時（21時半LO）
休／木曜
❖MAP ⑥頁

〔ヨシカミ〕の洋食の威勢のよいこと、安いこと。これも、まさに浅草の洋食屋だし（略）。『散歩のとき何か食べたくなって』新潮文庫177頁

池波の書く通り、ここは浅草の洋食屋である。町の洋食屋としては広いスペースに白い白衣のコックさんが大勢働いている。キッチンの内部には、そう、十人もいようか。それだけ客席が多いのである。各自の分担が決まっているようで、フライパンで〔チキン・ライス〕を作る人はそれだけを一心にやっている。

ビールとスープ、それに〔ポーク・カツレツ〕と〔オムライス〕を頼む。名物の〔ハヤシ・ライス〕はその日はもう売り切れていた。これだけで四千円ほどである。決して高くはないが、洋食屋の値段としては安いというものでもない。

味は意外に薄味で、もっと濃厚な下町の味を期待していたので少しあてが外れた。むしろ上品と言っていいような味である。女性の客に人気があるのがわかる。客層は中年以上のふたり連れが多い。家族連れも見受ける。逆に、若者や学生風は少ない。

「ヨシカミ」の名前はテレビのグルメ番組などで有名になってしまったから、こういうことになるのだろう。キャリア風の女性がひとりで食べていたりもする。浅草の洋食屋ではあるが、池波が書いた頃よりは名店として全国区的存在になってしまっている。値段や味付けでそれがわかる。それでも浅草風の気さくな雰囲気は残っていて、店の側もなんとかそれを残そうとしているようだ。そうでなければ、わざわざ浅草まで食べに来る意味がなくなってしまうからである。こういう店にとって、このあたりの感覚が最もむつかしいのではないか。

浅草の興行街からすぐの処で、不思議な三角形の土地の角に建っている。このために地理に不案内な人にもわかりやすい。近所に屋内サッカー場があったりするのが、いかにもでよろしい。昔は六区で映画を見たり、劇場をのぞいたりした後にのんびりと食事をするような店だったのだろうが、一般の人にとって浅草も六区も馴染《なじ》みの薄い場所になってしまったから、「ヨシカミ」を訪れるのはこの店が最初から目当ての人が多いに違いない。

それをしっかり自覚して、そういうお客に満足の行くような店にしているのが、「ヨシカミ」の凄《すご》いところである。洋食が飛び切りの御馳走《ごちそう》だった時代から、それがフランス料理とか「しゃぶしゃぶ」みたいな新しい勢力に代わられた時代を経て、再び洋食屋の味に懐かしさと日本人の味覚のひとつの原点を見出した人々によって、この店は勢いを盛り返したのである。それには当然池波の力もあずかっているのに違いない。

おみやげに三社《さんじゃ》祭りの知らせを告げるデザインを施《ほどこ》したモダンなマッチをくれた。どういうお客を相手にしているか、これでよくわかった。



**〔おすすめメニュー〕**
ハヤシ・ライス1350円、ロース・カツレツ1350円、
カツサンド1200円、ビーフコロッケ1450円、
ランチ(平日)1900円 (土日祝)3350円

# リスボン

（洋食）

東京都台東区浅草1―25―18
TEL／03―3841―3663
営／11時〜14時半、17時〜19時半
休／火曜

❖MAP ⑥頁

終って、六区の〔リスボン〕でポーク・カツレツでビール。古い洋食屋だが、最近、興行街の中へ移転して、店も大きくなった。

『池波正太郎の銀座日記［全］』新潮文庫45頁

浅草に不案内の人にもわかりやすい、浅草の町の基本的な歩き方を教えよう。

地下鉄で浅草駅に到着して地上に出る時、まず雷門を起点にする。ここを座標軸にしておくと、次の展開が容易である。だから地上に出る際は雷門の指示のある方向へ歩く。地上に出て雷門を背にすると、目の前が雷門通り、左に行けば屋上のオブジェで有名な〔アサヒ・ビール〕のある吾妻《あずま》橋だし、右に行けば国際通りで、こちらの目標は〔浅草ビュー・ホテル〕である。で、背後には仲見世が続き、浅草寺《せんそう》の境内があり、ずっと奥に観音様がある。浅草の背骨がこの浅草寺に至る仲見世である。浅草六区の興行街はこの流れですると、右に歩いたすしや通りを奥に入ったところである。すしや通りは国際通りの一本手前の通り。その名のように鮨屋がズラリと並んでいる。〔リスボン〕はこのすしや通りを入って、浅草六区の興行街に足を踏み入れたすぐにある洋食屋である。ビール中瓶を頼み、〔ロース上カツ〕と〔ハヤシ・ライス〕を選ぶ。池波の好きなパターンである。今回の取材でもずっとこれを押し通してきた。結論から言うと、〔リスボン〕はこの洋食屋の定番二品を最も安い価格で出している店であるが、残念ながら味の方も、その価格相応のものでしかなかった。なにしろ〔ロース上カツ〕で八百円である。これは破格だ。だが値段相応の味しかしない。

〔ハヤシ・ライス〕九百四十円も高い値段ではない（現在、〔ハヤシ・ライス〕は提供していない）。ここはひとつ下町の意地を見せてくれるかと思ったが、結果は思わしくなかった。〔ハヤシ・ライス〕のソースは給食のそれを思い出させた。給食が言い過ぎなら、大量に作り置きをしたか、もしくは市販の缶詰の味に近いものであった。脂《あぶら》が悪いのではないか。池波の行きつけの店は、これまで九割がたは当たってきた。流石《さすが》と思わせる店ばかりであった。それがあるので、たまに首をかしげる店に出会うと、目立ってしまう。

〔リスボン〕のしつらえは、まことに当たり前の洋食屋のたたずまいである。昔は町に必ず一軒か二軒あったという感じの店だ。今でも、下町やそれに準じた町には残っている。〔デニーズ〕や〔ジョナサン〕が出店しないようなところに、生き残っているという感じで、存在する。〔リスボン〕もその一軒。

屋内サッカー練習場を挟んで向かいの〔ヨシカミ〕が、有名になるにつれて味を上品にし、かつ価格をアップさせることで全国区の存在に昇格したのに対して、旧態を守り続ける道を選んだ。その差が今日では価格と味にはねかえっているわけで、余計なお世話だがこれが明暗を分けた。お客が入っているんだからいいじゃないかと言えばそれまでであるが。

**〔おすすめメニュー〕**
ロース上カツ800円、カツカレー1400円

（蕎麦）

# 並木藪蕎麦【なみきやぶそば】

初冬の、鴨《かも》なんばんが出はじめるころの、平日の午後の浅草へ行き、ちょっと客足の絶えた時間の、並木の〔藪〕の入れ込みへすわって、ゆっくりと酒をのむ気分はたまらなくよい。

『散歩のとき何か食べたくなって』新潮文庫75頁

東京都台東区雷門2―11―9
TEL／03―3841―1340
営／11時〜19時半
休／木曜、第2・第4水曜
❖MAP ⑥頁

浅草雷門の前に伸びる通りを浅草寺を背にまっすぐ歩いて右側、有名な〔並木の藪蕎麦〕がある。有名な割に小さいじゃないかと、ルーブル美術館で初めて「モナ・リザ」を見たテキサスの人間みたいなことを言ってはいけない。入口を入って右側が椅子席、左が池波の愛した入れ込みの席になっている。

〔藪系〕の蕎麦のつゆは辛い、という風評通り、この店のつゆはそれは辛い。しかし美味しい。かつお節で取ったダシの旨さがそのまま味に昇華しているが、決してナマではない。この辺が〔並木〕の〔並木〕たる所以《ゆえん》だろう。〔もり蕎麦〕八百円。蕎麦が来るまでコモかぶりの酒を冷やで一杯。あてには味噌《みそ》が小皿で出される。味噌をなめながら酒を飲むのは久し振りだが、これ以上にない肴《さかな》だったことにあらためて気付く。

〔並木藪〕は有名な割には気取らない店である。浅草のいいところだろう。名店だからといって都心の店のように気取っていたら、張り倒されてしまうのが浅草である。蕎麦は意外に量がある。意外というのは比較の問題だが、名店にしては、と解釈されたい。それは都心の店がことごとくオードブルみたいな蕎麦しか出さないからで、やはりある程度の量がなくては味はわからないものである。もっとも、蕎麦で腹をいっぱいにしようという了見は捨てた方がいい。蕎麦はいわば間食《かんしょく》であり、つなぎなのだ。お腹を満足させるようになったのは戦争が始まる直前に米が統制を受けるようになってからだという。間食であった蕎麦が、これによって主食に昇格したのが、今日まで続いていたのだ。

それとて、最近改められた食糧管理法で、戦前の良き時代に戻った。蕎麦も昔のように、ちょっとたぐって腹に入れようか、というような食べ物であるべきなのだ。

〔並木〕ではザルで蕎麦が出されるが、そのザルが凹凸の凸の格好で蕎麦が乗せられて来る。こうすると食べやすく、古今亭志ん生がせがれの志ん朝に言ったように、蕎麦の最後の一本まで綺麗に食べられるのである。

薬味は葱とワサビ。ワサビはつゆに溶かすものと決まっているが、たくさんある蕎麦屋の中には蕎麦に直接ワサビを付けて食べるように指導しているところもあるというから、世の中は広い。それに加えて七味唐辛子を蕎麦に添えて出す店もあると聞く。断わっておくが汁蕎麦ではない。もりの話である。

蕎麦は日本の食べ物でも最も蘊蓄《うんちく》の多い存在だが、全く驚くような食べ方があるものだ。〔もり蕎麦〕二枚に日本酒一杯で二千四百円。実にいい心持ちのものである。

**〔おすすめメニュー〕**
もり 800 円、のりかけ 1000 円、天ざる 1900 円、天ぷら蕎麦 1900 円

# 鎌寿司【かまずし】

〈鮨〉

東京都台東区西浅草2－11－1
TEL／03－3844－6915
営／17時半～21時半LO
休／月曜
❖MAP ⑥頁

戦前、広小路に〈鎌鮨〉という鮨やがあり、私もよく通ったものだが、戦後は消えてしまった。（略）ちかごろ、親しい編集者から、この〈鎌鮨〉が本願寺の近くに店を出していることを聞いた。そのうち、ぜひとも出かけてみたいものだ。『散歩のとき何か食べたくなって』新潮文庫180頁

先代が〈鎌太郎〉という名前だったところから、この名がある。地番の西浅草とは、雷門から雷門通りを国際通りの方へ歩き、通りを越えた側の一区画の地名。〈浅草ビューホテル〉の並びである。〈鎌寿司〉は昔ながらの鮨屋のたたずまいで、決して今風に小綺麗ではないが、なごめる気分の店である。カウンターに椅子が五、六脚、後ろは座敷になっていて、家族連れが卓を囲めるようになっている。鮨屋の定番のような構成。

鮨屋の主《あるじ》の得意は大きくふたつに分かれる。すなわち料理人としてあちこちで腕を磨いて鮨屋の看板を出すタイプと、鮨の基本は魚だとばかり、魚にうるさく、魚河岸《うおがし》でもかなり顔が効くタイプのふたつである。料理人か魚屋かというところ。

〈鎌寿司〉は明らかに後者で、魚の生きが悪くちゃ、鮨屋の職人としてはどういう腕も振るえないだろう、と考えている。もちろん新鮮なら馬鹿高い値段でもいい、というわけにはいかない。そこ

で、魚を見分ける目が重要になってくる。

つまり、旨い魚をどれだけ安く買って、客に納得の行く値段で供せるかが、鮨屋の能力なのである。普通の客が一回の鮨で払える金額は限られている。その範囲内で、旨いネタを使っていると言わせるのが鮨屋の腕である。もちろん鮨飯の握り方とか、魚のさばき方とかも大事だが、ネタが新鮮かどうかが一番肝心なのではないだろうか。こういう発想こそが、鮨を和食の一ジャンルとして、凝《こ》った魚料理のメソッドで出してくる最近流行のニュー・タイプの鮨屋と〔鎌寿司〕との違いであろう。昔ながらの鮨屋であると〔鎌寿司〕を評価するのはこういう意味だ。

浅草といえば、一種の鮨屋のメッカである。〔すしや通り〕という同業だけの場所もあるほどだ。そういう土地で、昔ながらに職人の鍛《きた》えた腕と確かな目を売り物に商売をするその態度を、昔ながらのと形容したのである。

〔スミイカ〕とか〔カレイ〕とかを上手に肴として客に出す時、銀座の鮨屋にはない魚のプロの技《わざ》を感じる。事実、値段的には銀座の半分か少なくとも三分の二で、旨い鮨を食べさせる。

ちなみに、ふたりで白身の魚と貝を酒の肴に切ってもらい、ビール一本と日本酒二本、そして適当に握ってもらって味噌汁がついて、一万三千円ほどである。お一人様六千五百円の計算だ。銀座のほどほどの店で鮨を食べる金額と比べていただきたい。池波は取り立てて鮨の好きな人間というわけではなかったが、贔屓《ひいき》の鮨屋を各地に持っていた。店のそれぞれが特徴を持ち、如何《いか》にも彼らしい評価をした上で通っていた。〔鎌寿司〕で言うなら、昔ながらの腕と目利《めき》きを感じさせる浅草の鮨屋、という評価である。腕は立つが、人の良さそうな親父《おやじ》の顔つきが、鮨を美味しくしている。

**〔おすすめメニュー〕**
おまかせで1万3000円から。要予約

# 天藤【てんとう】

（天ぷら）

天ぷらやの〈天藤〉にいると、そこへ老女がひとり入って来て、天丼《てんどん》を注文した。（略）老女は天丼を食べ終り、「ああ、うまかった。また、寿命がすこし延びた」こういって勘定をはらい、外へ出て行った。

『散歩のとき何か食べたくなって』新潮文庫180頁

東京都台東区浅草1－41－1
TEL／03－3841－5802
営／10時半～17時
休／月曜
❖MAP ⑥頁

〈天藤〉と書いて〈てんとう〉と読む。かつては浅草寺に連なる伝法院《でんぽういん》の前、伝法院通りの西のはずれにあった。浅草らしい場所であるが、現在は寂れた感じの所だ。それが今日では〈ヨシカミ〉と同じ三角形エリアに移っている。

創業は明治三十五年と古い。東京風の濃く揚げた〈天ぷら〉を食べさせる。天ぷら屋や鮨屋は、いわゆる居酒屋の感じを持ったところと、本業に徹した店とに分かれるが、この店は酒を飲むのに通う店であろうか。

いや〈天ぷら定食〉二千二百円、のたっぷりの御飯の量からすると、ここでしっかり腹ごしらえをして、映画を見たり、酒を飲みに行ったりするための店かもしれない。ビールの中瓶を飲みながら、そう思う。大海老が一本と小海老が二本揚げてある。椎茸《しいたけ》とキス、そして貝柱のかき揚げという陣容である。銅の器に紙が敷いてあり、その上に〈天ぷら〉が盛り合わせて出てくる。

夏の夕方のまだ明るい時間で、客は他にいない。ビールをやりつつナイター中継を見ながらスポーツ新聞を読んでいると、以上の〔天ぷら〕が出てきた。大根を細かく刻んだものと、きゅうりが香の物として出され、天つゆと大根おろしが隣に並ぶ。

天つゆは甘口である。味付けは濃い。大根おろしを少しずつ加えて、食べる。いつもは〔天ぷら〕を塩でやることが多いのだが、この店のように濃く揚がった場合だと、天つゆが合う。塩では負けてしまう。レモンなぞも歯が立たない。関西風の薄く軽く揚がった場合にのみ、塩やレモンは相応《ふさわ》しいようだ。

他に客は現われず、ただひとり〔天ぷら〕をつゆにつけ、口に運ぶ。御飯は昼のものらしい。保存した御飯独特の香りがする。主人もおかみさんも、出す物を全部出してしまったから、手持ち無《ぶ》沙汰《さた》である。こちらはただひたすら食べるだけ。

浅草の店はそれぞれに苦労して、今の人々の移り気な心に、どうやって溶けこもうかとしている。だが時代の流れは浅草のおかみさんたちが騒いだくらいではどうすることもできず、六区のあたりは寂れて行くばかりである。人間の躰《からだ》だっていつかは衰え、朽《く》ち果てて行くのである。町も同様に時代と共に変わり、時間と共に老いる。浅草は耐用年数が過ぎているのかもしれない。そうであるなら、これはどうすることも出来ないだろう。

浅草でも元気な店はあるし、全国的に知られた店もまだ多い。店を出て、保守系の代議士のポスターがやたらに目につく浅草の裏町を歩きながら、この町の未来を思った。天ぷらを食した後の独特の腹の重みを感じながら歩く浅草は、東京で一番古い町のように思えた。

**〔おすすめメニュー〕**
天丼2200円、天ぷら定食2200円

# 駒形どぜう【こまがたどじょう】

（どじょう）

浅草の〔駒形《こまがた》どぜう〕の方は、数え切れぬほど通っていたからだ。

『散歩のとき何か食べたくなって』新潮文庫188頁

東京都台東区駒形1−7−12
TEL／03−3842−4001
営／11時〜21時
休／無休
❖MAP ⑥頁

老舗が巧みに今日のトレンドをつかんで成功した例として〔駒形どぜう〕が挙げられるだろう。浅草駒形という、現在《いま》の浅草の盛り場からはちょっと離れた場所に位置しながら、見事に隆盛を誇っている。〔どじょう〕を食べるのではなく、失われた江戸を味わいに客は来ることを、この店はよく知っている。だから外観は昔ながらの江戸の食い物屋のスタイルを守り、内部も昔風の入れ込みで、客を懐かしい気分にさせる。それがすべて入念なマーケティングに裏打ちされたものであることを知るのは、渋谷の駅前に店を出したりする果敢さによってである（現在は閉店）。しっかり考えているのだ。入れ込みの席に上がるには下足札をもらうが、これさえも客が唸《うな》ってしまうことを先刻承知なのだ。下足のおじさんの顔付きも昔風を的確に演出している。それで、帰りに会計を頼むと、ちゃんとしたレシートが出てくる。管理は行き届いているのだ。

〔どじょう〕というのは、ま、ごく庶民的な食べ物である。それ自体が格別美味しいというものでもない。それでも、暑い盛りになると、ここまで来てふうふう言いながら〔どじょう〕を口に運び、酒やビールで盛り上がる。ビアホールのような喧騒《けんそう》の中で、人々は〔どじょう〕を食べることで江戸とつながり、浅草という土地の不思議な懐かしさに触れるのである。こういう演出とストーリーを、こうまできっちりと設計した老舗は、他にそう例がない。

〔どじょう〕の骨ごと入った〔どぜう鍋〕二千五十円、それが駄目な人は〔さき鍋〕二千百円、を頼むとよろしい。通は〔どじょう〕はあの骨がいいのだと言うが、魚には骨があるから若い人に人気がない、と言われる時代であるから、これは仕方がない。もっとソフトに食べたい向きには〔柳《やな》川《がわ》〕もある。ちなみに〔柳川〕とは本来は〔柳川鍋〕に使う土鍋のことである。秀吉の時代に福岡柳川の人間が、朝鮮で土鍋の作り方を学んだために、この名がある。ひらいたどじょうをごぼうと一緒に卵でとじる。ごぼうとどじょうは相性がよい。〔どぜう汁〕も中味はごぼうで、江戸甘味噌が使われている。酒を飲ませた〔どじょう〕とごぼうが、甘い味噌とこよなくマッチする。どろりとした飲み心地は、二日酔いの朝などには最高だろう。冷たい御飯にも合いそう。

落語の〔居酒屋〕などでも有名な〔どぜう〕という書き方は、享和《きょうわ》元年（一八〇一）にこの店を始めた、初代助七の造語であるという。本当なら〔どぢゃう〕であるが、四文字は縁起が悪いということで、芝居の外題《げだい》にあやかり〔どぜう〕と奇数にし、当時の看板書きとして名高かった橦木屋仙吉に書かせたものであるという。五幅の暖簾《のれん》も、夏は白地に紺、冬は紺地に白の染め抜きと変わる芸の細かさである。今日の〔駒形どぜう〕の商売のうまさは、初代から脈々と受け継がれたものであるらしい。

**〔おすすめメニュー〕**
どぜう鍋2050円、さき鍋2100円、柳川2080円

# 前川【まえかわ】

（うなぎ）

〔前川〕の鰻は、申すまでもなく天然のもので、三代にわたるつきあいの、利根川《とねがわ》の業者から仕入れ、冬になると、秋の下り鰻を水田に入れて半冬眠させ、必要に応じて割《さ》く。『むかしの味』新潮文庫95頁

東京都台東区駒形2―1―29
℡／03―3841―6314
営／11時半～21時（20時半LO）
休／無休
❖MAP ⑥頁

耳の遠い老人と、年下の紳士が隣のテーブルで食事をしていた。場所は文政《ぶんせい》年間（一八一八～一八二九）創業の浅草の高級うなぎ料理屋〔前川〕。〔前川〕という名前の通り、店の前は川すなわち隅田川である。大小の船が上り下りを重ねている。

午後の遅い時間で、川に対して垂直に並べられた座敷の席は三席が埋まっているだけ。〔土用の丑《うし》の日〕の前日だからと、混みそうな時間を避けたのが良かった。耳の遠い老人とその連れは、川を見ながらのんびり話をしている。しかし老人の耳がかなり遠いので、相手をするのがかなり骨である。話の感じでは恩師筋に当たるようだ。師弟関係であるが、ここで接待しているのは老人の方である。師の旧著をまとめるのに弟子がひと働きしたのをねぎらう、といったような席だったのかもしれぬ。弟子は店の人に、こちらは今年九十二歳でと説明している。人品卑《じんぴんいや》しからぬ堂々たる風采である。旧帝大系の教授、と踏んだ。若い方はこちらを背にしているので、顔が見えない。

うなぎ屋の常としてゆるゆると出てくる料理を待ちつつ、ビールを飲み、日本酒の盃《さかずき》を傾ける。そうしながら隣の席のやりとりを聞いている。聞く気はないのだが、どうしても耳に入ってくるのである。格好の肴ではないか。そう思っている。

各種のメニューの中から筆者は〔雪扇《ゆきおおぎ》〕というのを選んだ。一万一千円でコースになっており、突き出しが出て、各種のつまみが細々と続く（他に〔駒形〕一万二千円、〔前川〕一万六千五百円、〔花冠《かんむり》〕二万円などのコースがある）。うなぎは、国産養殖ものと坂東太郎（利根川の養殖うなぎであるが、天然ものに限りなく近づけている。坂東太郎は利根川の愛称）がある。

老人に説明するたびに、若い方の紳士、といっても五十は越えている、が大きな声になってしまう。繰り返しが多くなる。それが教育も教養もありそうな壮年の紳士としては辛い。その辛さはまた、こういう公衆の場で声を大きくしなければならないことにも、関わっている。個室のある料理屋はなかったのかと、少し悔やんでいる。だが、先生がここをわざわざ選んで下さったのである。話から、そう聞こえた。ジレンマだ。

いよいよ〔かば焼き〕である。三切れ登場する。艶《つや》といい、大きさといい、申し分ない。御飯と肝《きも》吸いも来るようだ。

〔かば焼き〕に手を付けようとした時、隣の食事が終わり、ふたりが立ち上がった。勘定をしたのは師匠の方である。店の人がステッキを用意している。

若い方の紳士が突然振り返り、筆者に向かって、お騒がせしました、と頭を下げた。

とんでもありません。私は応《こた》えた。〔かば焼き〕は少し残ってしまった。

**〔おすすめメニュー〕**
うな重4800円から、かば焼き6800円から、白焼き4300円から、
コース（昼）9000円（夜）1万1000円から（サ別）。コースは要予約

# うさぎや

（和菓子）

東京都台東区上野1-10-10
TEL／03-3831-6195
営／9時〜18時
休／水曜
❖MAP ⑦頁

そのとき、たしか、男坂を下って黒門町の〔うさぎや〕へ立ち寄り、名物の〔どら焼〕を買ってから、花ぶさへおもむいたのである。

『散歩のとき何か食べたくなって』新潮文庫68頁

あらためて歩いてみると、上野という町は不思議なところであるのに気づく。上野駅という東北に対する東京の裏玄関のような駅を擁《よう》して、地方の臭《にお》いのする部分を持ちながら、駅の前にはバタ臭いものを売るアメ横があり、一方で江戸情緒を残した湯島に通じている。さらには、小高くなった上野の山には公園があり、その奥には美術館や博物館が目白押しで、知と散策のメッカとなっている。こういう町は他にない。上野広小路という広い道は関東大震災後に出来た道である。

この道路に〔上野松坂屋〕をはさんで位置するのが〔うさぎや〕。名代の和菓子屋である。しかし〔どら焼き〕の店であるから、そもそもは大衆的な店だったに違いない。現在は洒落《しゃれ》たビルになっており、一個二百三十円の〔どら焼き〕を目当てにお客がやって来る。

池波の書いているように、このあたりは黒門《くろもん》町と呼ばれるところで、落語ファンなら「野崎」を出ばやしにしていた先代の桂文楽《かつらぶんらく》を思い出すだろう。落ち着いた良い町で、上野の繁華街の喧騒《けんそう》もこの界隈までは伝わってこない。漫画の〔ドラえもん〕で、子供たちに一層身近な存在になった〔どら焼き〕は、和菓子の中でも肩に力の入らない気安い部類だが、〔うさぎや〕のは厳選された餡《あん》の力で一種の銘菓になっている。ここでも池波の生来の甘い物好きが顔を覗《のぞ》かせており、東京中にある彼の贔屓《ひいき》の甘味屋や和菓子の店の一軒として黒門町の〔うさぎや〕は登場する。

〔どら焼き〕という懐かしい菓子は、老舗の和菓子店ではあまり高位にランクされない。だが、こういうものが好きだという池波に、人々は昔ながらの味を愛する自分たちの仲間を発見して一層声援を送るのだ。池波正太郎、まことに庶民の作家と言わねばなるまい。

〔うさぎや〕には〔どら焼き〕の他に百二十円の〔喜作最中《きさくもなか》〕というのもあり、両者の詰め合わせは店の人気セットとなっている。各三個入りで千五十円、という求め易い価格である。雑誌などで紹介された直後はどっと客が詰めかけ、〔どら焼き〕を買うのにも行列になってしまうが、ま、普通はそういうことにはならない。それにしても気の短い江戸っ子が見たら、昨今のこの行列好きをなんと言うだろう。

小豆《あずき》の持つまろやかで奥の深い味わいが、上等の砂糖の甘味と重なって、〔うさぎや〕の〔どら焼き〕は見事な菓子に仕上がっている。二百三十円という価格は、その上品な皮の部分の滑《なめ》らかさを考えると、相当にお値打ちである。

普段いい加減な〔どら焼き〕しか食べていない人間にはこの菓子が、日本人の好きな甘さとふくよかさを併《あわ》せ持った、一種の傑作であったことを思い知らされるだろう。

**〔おすすめメニュー〕**
どら焼き 230円、喜作最中 120円、うさぎまんじゅう 210円、落雁 60円

# 本家ぽん多【ほんけぽんた】

（とんかつ）

カツレツと名乗っても、たとえば上野の〔ぽん多《た》〕のように、豚《とん》ロースの最上肉の部厚いのを、じっくりと揚げ、溶き芥子《がらし》と塩で食べるのも旨《うま》いし（略）。『むかしの味』新潮文庫44頁

東京都台東区上野3−23−3
TEL／03−3831−2351
営／11時〜14時、16時半（日祝16時）〜20時
休／月曜
❖MAP ⑦頁

上野の松坂屋から広小路通りを少し南に下り、三菱UFJ信託銀行の角を左に曲がると〔本家ぽん多〕。池波の書くように〔とんかつ〕でつとに名高いが、正確には高級洋食屋と呼ぶべきであろう。

重い扉を開けて中に入ると、戦艦三笠の艦橋のような格好で調理場があり、東郷元帥のように堂々と調理にいそしむ主人の姿が見える。手前には四席ほどのカウンター。二階は六卓ほどのテーブルがあるらしい。落ち着いた、上品な店である。

とりあえずビールの中瓶〔キリンのラガー〕を頼み、おもむろにメニューを見る。カウンターにはソースとケチャップと芥子《からし》があるのは普通の洋食の店と変わらないが、人形町〔さるや〕の楊枝《ようじ》が特徴のある木箱入りで置いてあるのが、店の格式を物語っている。一箱千円もする楊枝である。

ここには〔とんかつ〕というメニューはない。小さなメニューの片隅に、ついでのように〔カツレツ〕の名前があるだけ。そういう店だ。後は〔シチュー〕の類や〔野菜サラダ〕などで、裏を見

ると〔刺身〕が並んでいる。〔カツレツ〕と〔野菜サラダ〕をカウンターの向こうの主人に頼む。団十郎張りの渋い顔立ちの主人の鋭い目が光る。最初に〔とんかつ〕を下さいと言ったら、うちには〔カツレツ〕しかないと、すげなく言われてしまったのである。そうなんだ。

ビールの突き出しに赤身の魚の刺身がサイコロ切りで出てきた。美味しい。ビールをあっという間に飲み干し、日本酒を常温で頼む。酒は〔菊正宗〕。のんびりやっていると〔カツレツ〕が出来上がる。その辺の〔とんかつ〕を見慣れた目には、白いフワフワしたコロモはまるで別物に映る。日本酒とカツもいいものだと、塩と芥子で食べる。ふわっと揚がった〔カツレツ〕は食べやすいサイズに切ってあり、親指ほどの〔ポテト・フライ〕が家来のように付け合わせてある。日本酒が進む。だが、ここは当然〔御飯〕と〔赤だし〕、それに〔香の物〕だろう。それを言うと、さっと出てくる。〔御飯〕も〔赤だし〕も〔香の物〕も、すべて申し分ない。なるほど、これが伝統の味か。コロモは普通のとんかつより黄色く、柔らかい。それがジューシーな豚肉をしっとりと包んでいる。上等の油で低温でじっくり揚げて、中の旨味を逃がさないでいる。

この店のヒレは旨いね、というお客さんがいるけど、冗談言っちゃいけない。と、主人の声。ヒレには味がないの。豚肉はロースに限る。ただロースには脂身も筋もあるから、それを取って、揚げる。ヒレだと思っているお客には、はいそうですかって言うけどね。

旨いものを食った、という満足感で店を出た。記念に持ち帰った箸袋《はしぶくろ》の裏には「電下谷」という記載があった。電話番号が下谷局だった頃の心意気で今もやっているんだということか。池波が愛した理由がわかった。



**〔おすすめメニュー〕**
カツレツ2970円、ビーフシチュー4950円、タンシチュー4950円

# 蓮玉庵【れんぎょくあん】

（蕎麦）

池之端《いけのはた》の〔蓮玉庵《れんぎょくあん》〕と、浅草・並木の〔藪〕へ、父はよく行った。私は、そのあとで映画を観《み》せてもらえるのをたのしみに、黙念と酒をのむ父につき合ったのだ。『散歩のとき何か食べたくなって』新潮文庫73頁

東京都台東区上野2‐8‐7
℡／03‐3835‐1594
営／11時半〜18時半（18時LO）
休／月曜、第2・第4火曜（祝日と重なる時は営業。翌日が休み）

❖MAP ⑦頁

上野の〔鈴本《すずもと》演芸場〕の裏手にある。仲町通りというのがその所在地である。〔せいろ〕が七百円、〔天せいろ〕が千七百五十円、〔天ぷら蕎麦〕千五百円、〔鳥南ばん〕千百円という陣容である。蕎麦湯は銅の小体《こてい》なやかんに入って登場する。木造りの内装は御影《みかげ》石など高級な石材などをあしらってあり、高級感が漂う。それでも都心の偽数奇屋《にせすきや》風ではなく、上野らしい庶民感覚で裏打ちされている。ショウ・ウィンドウのようになった部分には蕎麦猪口《ちょこ》のコレクションが並ぶ。

場所柄としては上野駅を降りてきた東北からの旅行者と、〔鈴本〕へ寄席を楽しみに来た人々が、ここを訪れる。双方の嗜好《しこう》はかなりへだたっている。店の側としては迷うところだが、蕎麦の盛りや味付けからすると、これはははっきりと東京の人間が相手である。

このあたりが上野の面白いところであり、また問題の部分でもある。江戸情緒を色濃く残した町であるのに、東北への玄関という立場が東京の人間にはどっちつかずである。田舎臭いのか粋《いき》なの

かよくわからなくなってしまうのだ。これは浅草にも言える。浅草の方はより奥に引っ込んでいる格好だからさらに分が悪いが。

都会的であるかそうでないかは、都会の出身ではない人々が圧倒的な東京では大変に重要なことで、それが町の死命を決めてしまう。逆に田舎臭さを売り物にするなら徹底的にそれで行くべきである。たとえば〔寅さん〕の〔葛飾柴又《かつしかしばまた》〕のように。この意味でも浅草は中途半端であった。上野の場合は〔アメ横〕のような異色のセクションが存在することで、一種独特の町の匂いが形成された。旧家の息子がアメリカへ行ってバタ臭くなって帰って来たみたいな塩梅《あんばい》である。土曜日の昼下がりにのんびりと〔蓮玉庵〕で〔せいろ〕二枚で冷や酒を飲んでいると、そういう町の歴史と将来をぼんやりと考えてしまう。

ここも池波が通っていた頃と比べると相当変わってしまったわけで、昔はもっと鄙《ひな》びた感じだった。それではならじと、蕎麦猪口を飾ったりして、懸命に江戸情緒を演出している。蕎麦屋も大変なのだ。

味の方は、つゆは辛過ぎず、甘過ぎず。蕎麦の量は、名店ならこの程度といった量。いくらおやつ代わりでも、一枚ではちと少なかろう、という量だ。

有名な〔鈴本〕の裏である。きっと古今亭志ん生も往時には通ったに違いない。そして蕎麦の食べ方をせがれの志ん朝に教えたのであろう。蕎麦は洗い場の人の手間を考えて、最後の一本まで残しちゃいけねえよ、と。



**〔おすすめメニュー〕**
せいろ700円、天せいろ1750円、天ぷら蕎麦1500円、鳥南ばん1100円

# 愛玉子

【オーギョーチー】

（甘味）

私が子供のころは、浅草六区の松竹座の横町にあった店で、よく食べたものだが、いまは、この店だけだ。ほんとうに五十年ぶりで〈オーギョーチー〉を食べたことになる。『池波正太郎の銀座日記［全］』新潮文庫50頁

東京都台東区上野桜木2―11―8
TEL／03―3821―5375
営／10時～18時（愛玉子がなくなり次第終了）
休／不定休
❖MAP ⑦頁

〈愛玉子〉と書いてオーギョーチーと読む。台湾特産の桑科《くわ》の植物の種子で、これを潰《つぶ》して粉にして寒天のようにする。上から独特のシロップをかけて食べるのである。「ニイタカヤマノボレ」の暗号で有名な台湾の名山・新高山（現玉山）の特産という。

東京メトロ千代田線の根津《ねず》駅を谷中《やなか》方向に出て、不忍《しのばず》通りと言問《こととい》通りの交差点を上野の方へ進む。交差点の目印は吉野家と赤札堂《あかふだ》である。根津一丁目交差点が正式名称。ゆったりした坂を行くと、お寺や日本画材料の店が目につく。谷中の墓地と旧・上野の美学校（東京藝術大学美術学部）に近いからである。信号四つ目を左折。下町風俗資料館付設吉田屋酒店という、昔の酒屋の店舗が保存されている角を曲がる。すぐ右手に店が見える。看板に大きく「愛玉子」と書かれている。向いは、これも有名な和菓子屋である。

恐る恐るガラス戸を開けて中に入ると、六卓二十四席。こじんまりとした店内は昭和三十年代に

タイム・スリップしたようだ。昔はどこの町内にもこういう菓子屋、もしくは甘い物屋があった。現在の喫茶店の歴史は、もっと新しい。当時はこういう造りの店をミルク・ホールと呼んだのではなかったか。土間に椅子とテーブルがちょこちょこっと置いてある。まことに殺風景である。コーヒーとかビールなどの品書きが目に入る。

「オーギョーチー下さい」と声を掛ける。奥から痩《や》せた店の主人《あるじ》らしい人が現われ、無愛想にガラスの器とスプーン、それに水の入ったコップを置いて、また中に引っ込んだ。取り付く島がないとは、このことである。本格的な秋になりかけた頃で、ただでさえうすら暗い風情をますます強調する。

目の前には半透明の黄色いゼリー状の食べ物。つげ義春の漫画の主人公になったような気がする。オーギョーチーは六百円である。池波は五十年ぶりにこれを食べたと記している。その当時でもレトロな食べ物だった。この「銀座日記」が書かれたのはもうかなり昔だから、そういうものが今日でもちゃんと存在する、というのが驚きである。

スプーンですくって食べる。ほのかな甘みが、懐かしい気持を呼び起こす。もしかして小さい時分に食べたことがあったのではないか。記憶を辿《たど》るが、思い出せない。固まりが不揃《ぞろ》いで、それぞれをすくって食べているうちに、次第に過去に呼び戻されて行く。いい気分になる。美味しいからである。五十年も六十年も、いやもっとずっと昔からあって、それが今もなくなっていないのは、このためだろう。

美味しいですねと主人に言うと、嬉しそうな顔をした。百円玉を渡す時、思わず相手の手を見た。小さな小さな手だった。ちなみに、屋号の名付け親は今は亡き歌手の藤山一郎だという。

**〔おすすめメニュー〕**
愛玉子600円、氷愛玉子700円、チーアンミツ700円

# 洋食大吉【ようしょくだいきち】

（洋食）

清潔で活気にみちた店内、親切なサービス。良心的な値段と味。これはまさに、戦前の東京下町の洋食屋である。レストランではない。

『新しいもの古いもの』講談社文庫20頁

東京都台東区柳橋1−30−5
KYビル地下1階
TEL／03−3866−7969
営／平日11時半〜15時、17時半〜22時
土日祝11時半〜15時、17時〜21時
休／第2・第4土曜

MAP ⑥頁

真四角な店である。地階にある。柳橋の一丁目。JR総武線の浅草橋駅から東口の道を左にたどり、大きな信号を右折して三本目くらいの場所。黄色い「洋食大吉」の看板が、ここだよ、ここと、叫んでいるように目に入る。わかりやすい。

柳橋は新橋より上のクラスと言われた時代もあったが、花街としての面影はすっかりなくしてしまった。それでも地の利の良さからビジネス街としては繁盛し、そのために美味しい店がひしめいている。〔洋食大吉〕もその一つで、池波がここを訪れたのは開店四年目だったという。創業は一九七〇年。当時は比較的新しい店に属しただろう。しかし、こう書く。

「入って見て、食べて見て、一瞬、私は戦前の東京へ引きもどされたようなおもいがした」

四十四席ほどの内部は明るく、ビニールの赤白チェックのテーブルクロスが清潔な印象を与える。どこかモダンで、どこかレトロ、それが池波に戦前の店のような気分にさせたのだろう。

〔エビスビール〕の小と〔ヒレカツ〕をいただく。トンカツ専門店のヒレカツのように澄ました仕上がりではなく、もっとざっかけない。しかし味は上々で、付け合わせのキャベツの千切りも細い胡瓜《きゅうり》も申し分ない。それにしてもここ〔洋食大吉〕は、何を食べても旨そうで、またメニューも豊富だから、かなり通っても飽きる、ということはなさそうである。

大衆的だが品が良い、これが〔大吉〕の印象で、実はこういう店はなかなかないのだ。それは従業員の質にかかっていると思う。〔大吉〕は入るとすぐ左にレジがあり、いかにも頑固そうな親父さんがデンと座っている。姿の良い女性が店内を仕切っているが、感じからすると身内の方のようである。そのサービスの良さは、数十年前の池波が味わったものと、同質であろう。もちろん同じ人であるはずがない。結局店とは人である、とは池波の持論で、当時の質の高いサービスが、そのまま今も続いているのだろう。エライことである。

「そのとき、私はオムレツでウイスキー・ソーダをのみ、ヒレカツレツをつまみ、そのあとでチキンライスを食べた」

全盛時代の池波の食欲を示す大した食べぶりだが、ウイスキー、ビールの他に、ここではワインの充実も光っている。いかにも今どきの店らしい。今どきということでは、店にはエレベーターが設置してあり、一階から階段を使わずに降りてくることができる。ベビーカーや車椅子の客にはひじょうに便利なものである。いつ頃に出来たものかわからぬが、店の努力を表わすものだろう。もっとも今回はビールとヒレカツで千八百円の値段に、ほほうと感じ入って、エレベーターを使わず、トントンと階段で昇った。しまった、とは後から思ったことである。



**〔おすすめメニュー〕**
オムレツ680円、ヒレカツ1350円、カニクリームコロッケ1350円、
岩中ロースカツ(昼)2000円(夜)2200円

# 長命寺桜もち山本や【長命寺桜もち山本や《ちょうめいじさくらもちやまもとや》】（和菓子）

その味、その姿、その風趣、いずれも、（まさに、江戸の菓子だ）と、これを見るたび、食べるたびに感じるのだ。『食卓の情景』新潮文庫378頁

東京都墨田区向島5－1－14
TEL／03-3622-3266
営／8時半～18時
休／月曜
❖MAP ⑥頁

地下鉄の浅草駅から、地図で見ると向島は目と鼻の先である。

知らない人は、近いじゃないの、と考えてしまうのも無理はなかろう。ガイド・ブックを頼りに浅草の松屋の角から堂々たる吾妻《あずま》橋を渡り、有名な金色のオブジェを屋上に戴《いただ》くアサヒ・ビールの建物を右に見て、隅田川沿いを歩く。

滝廉《たきれん》太郎《たろう》の「花」という歌がつい口に出てしまう道である。〔墨堤《ぼくてい》通り〕という名の遊歩道は小さな公園や階段を随所にからめながら、歩く人間を飽きさせない。しかし、地図で見るのとは違って目的地は遥《はる》か彼方《かなた》である。

吾妻橋の先に東武伊勢崎《いせざき》線が走っており、それが隅田川をまたぐ鉄橋となっている。その鉄橋を過ぎると、次が言問《こととい》橋で、これも立派な橋である。大川とも呼ばれる隅田川は実に貫禄のある川で、一時と違って臭いもまるでない。マンハッタンを挟むように流れるイースト・リバーやハドソ

ン河を思い出す。

行けども行けども、目的の場所は見えて来ない。それでも、快適な遊歩道はそぞろ歩きにはもってこいで、頭上を走る首都高速とその太い支柱さえ気にしなければ、悪いしつらえではない。

川をはさんで台東リバーサイド・スポーツセンターの大きな建物が目に入る。ここまで来ると桜橋も目の前で、目的地はすぐであると知る。ちょうど高速道路のインター・チェンジのようになっているので、遊歩道を降りて向島の町を歩く。〔長命寺桜もち〕と書かれた看板が電柱に掛かっている。ごく近くまで来たらしい。ちなみに向島を歩くのは初めてである。

看板の案内に従って進むと、再び土手の上に導かれてしまった。インター・チェンジで降りてはいけなかったのだ。近くに〔言問団子《ことといだんご》〕の店も見える。池波はこちらについては記述していない。それに比べて〔桜もち〕の方は最上級の誉めぶりである。創業享保《きょうほう》二年（一七一七）という歴史を誇る〔桜もち〕の店である。映画のセットのような〔長命寺桜もち山本や〕のたたずまいは、懐かしい造りで印象に残る。

ガラス戸を開けて入ると、奥が持ち帰り五個千三百円の〔桜もち〕売り場で、左手に茶店のような椅子が並び、〔桜もち〕をお茶と一緒に食べさせる場所になっている。ようやく辿り着いたという思いと、〔桜もち〕の美味しそうな香りに思わずへたりこんでしまいそうになった。大した距離ではないのに、初めての場所は実際より多く歩いたような気になるのである。どっかと椅子に腰かけ、大きな三枚の桜の葉に包まれた〔桜もち〕を口に頬張《ほおば》る。うまい。塩味と甘味の微妙な掛け合わせが大人の食べ物という感じである。

〔おすすめメニュー〕
桜餅（1個）220円、（お茶付き）350円

# みの家【みのや】

（馬肉）

「馬の肉が、こんなに、うまいものなのか……」
はじめて、ここへ入って食べたとき、ほんとうに私はびっくりした。
『散歩のとき何か食べたくなって』新潮文庫190頁

東京都江東区森下2-19-9
TEL／03-3631-8298
営／平日12時～14時、16時半～21時
土曜16時～21時
日祝12時～21時
休／火曜、不定休あり
❖MAP ⑦頁

都営地下鉄新宿線が出来たので、江東区森下へも山の手側から簡単に行けるようになった。本当は最初から決して面倒なことではなかったはずなのであろうが、勝手を知らない人間にとっては江東区とか深川とか言われると、もう駄目。すっかりオートマチックの車に慣れてしまった人間が、いきなりマニュアルの、それもコラムシフトの車を任されたような気分になってしまうのである。新宿から黙って地下鉄に乗っていれば森下に着く。森下は両国にも近く、浅草橋にも近く、門前仲町にも近い、言ってみれば下町の赤坂見附《みつけ》みたいなところである。

で、〔馬肉〕で有名な〔みの家〕はこの森下の交差点からすぐの場所にある。

例によって池波好みの入れ込みの座敷が広く続いている。下足があって札を貰《もら》って上がる。暑い盛りで、海水浴場の脱衣室みたいな籐《とう》の床が、その暑さを和《やわ》らげる。皆さん団扇《うちわ》を御利用だ。〔キリンの大瓶〕と、こういうところのビールは相場が決まっていて、〔馬刺し〕と、〔さくら鍋〕を貰

う。〔さくら鍋〕には焼豆腐を別に付ける。

ここの〔さくら鍋〕にはロースとヒレがあって細かい。どちらも二千六百円也。ロースにしよう。これで鍋に割り下とダシを入れ、葱や焼豆腐を煮ながら肉を入れる。肉の臭みを取るためにと味噌が入っているが、臭みなどほとんど感じられない。

しばらくビールを飲みながら、出来上がりを待つ。実に気分の良いものである。下町の老舗は店の人の質が高く、応対が良いのが特徴であるが、この店もその例にもれない。それに加えてここは若く、そして美しいお嬢さんが多いようである。若いから、ベテランの女性のように打てば響くというリアクションは望めないが、それでも都心のトレンディな店の無愛想な女性たちとは大違いである。

団扇であおぎながらビールを飲み、〔さくら鍋〕をつつき、〔馬刺し〕を口に運ぶ。冷たいビールと暑い鍋の間を刺身がとりもつような感じである。それを、入れ込みで脚を投げ出してやるのだから、非常に和やかな気分になる。老若男女がそれぞれ思い思いに鍋の周りに躰《からだ》を預けて箸《はし》を動かし、コップを口に運んでいる。下町の料理屋だなと思う。どうしてこういう店が山の手から姿を消してしまったのだろうと、考えてしまう。

〔馬刺し〕は千九百五十円で、あっさりとした味わい。ロース肉の〔さくら鍋〕は懐かしい麩《ふ》でクライマックスに達する。麩なんて何年ぶりだろう。

〔大瓶のキリンビール〕、もちろん〔ラガー〕である、と馬肉はこよなく美しいマッチングで筆者を楽しませてくれた。

**〔おすすめメニュー〕**
さくら鍋（ロース、ヒレ）2600円、さくら鍋2350円、
馬肉刺身1950円

# 扇屋【おうぎや】

〔玉子焼〕

東京都北区岸町1-1-7
TEL／03-3907-2567
営／13時〜19時
休／水曜
❖MAP ⑨頁

仙右衛門が、気晴らしがてらに、月に一度ほどは参詣《さんけい》に行く王子権現《おうじごんげん》の近くに〔山吹屋《やまぶきや》〕という料理茶屋がある。仙右衛門老人、参詣の帰りにはここへ立ち寄り、ゆっくりと食事をすまし、名物の〔玉子焼〕をみやげに帰宅するのがならわしであることは、長谷川平蔵も承知している。『鬼平犯科帳（五）／山吹屋お勝』文春文庫233頁

ここに登場する〔山吹屋〕は王子の老舗〔扇屋〕がモデルである。王子権現《おうじごんげん》は現在では王子神社と名を変えている。慶安《けいあん》元年（一六四八）創業、というから半端な古さではない。徳川家光の時代だ。今からざっと三百五十年も昔の話である。〔慶安のお触《ふれ》書《が》き〕という徳川幕府お得意の細々《こまごま》した生活の規則を書いたルール・ブックがこの世に出た頃である。遥《はる》か歴史の彼方《かなた》と言ってよい。初代弥左ヱ門《やざえもん》が農業のかたわらでこの地に掛け茶屋を始めたのが〔扇屋〕の起こりという。現在《いま》の当主《あるじ》はなんと十五代目である。おそらく東京でも最も古い料理屋であろう。池波が書いている〔玉子焼〕は〔厚焼き〕と呼ばれるもので、卵十個を使う。厚さは三センチほどだ。口にすると甘いだしが広がる。滑らかで上品な味である。千三百円也。

他に秘伝の〔釜焼き玉子〕と呼ばれるものもあり、こちらは卵十五個ほどを割り下と酒で溶き、蒸し焼きにする。出来上がりは直径二十五センチ、厚さ五センチという巨大なもので、十人前くら

いあろうか。四千百十円也。〔扇屋〕ではこれらを適当な大きさに切って、料理として出したり、そのままおみやげにしたりするのである。

池波の小説には古い料理屋をモデルにしたらしい店が登場するが、東京および近郊ではそのモデルを探すことはむつかしい。わずかに数軒をとどめるだけである。これが関西だと、京都には現存するモデルとなった料理屋がゴロゴロしているのであるが。戦災に遭《あ》わなかった街と、そうでないところとの差は大きい。

そういう意味で〔扇屋〕の存在は貴重である。普段まず行くことのないJR京浜東北線の王子という駅で降りる。北口を出ると川が流れており、これが音無川《おとなしがわ》。川から目を上に上げると五階建ての〔扇屋〕が目に入る。大きな店である。現在の建物になったのは昭和六十二年のこと、とある。

駅からぐるっと建物を半周すると、古いたたずまいの入口がある。もうこれだけで、池波の世界に入って行けそうな感じである。階段で二階へあがると、そこが玄関。中は昔風の座敷が八部屋。それぞれ往時《むかし》を偲《しの》ばせる造りである。全盛期にはこれらが連日フル回転していたという。近くの王子製紙などが大のお得意であったらしい。

――と取材時には書いたわけだが、今回あらためて電話取材したところ、現在は割烹《かっぽう》はやめてしまい、〔厚焼き玉子〕と鳥のひき肉をまぜこんだ〔親子焼き〕、〔釜焼き玉子〕を玄関わきの売店で販売しているのみ、とのことだった(〔釜焼き玉子〕は予約が必要)。

**〔おすすめメニュー〕**
厚焼き玉子650円・1300円、親子焼き760円・1520円、
釜焼き玉子4110円(要予約)

# とらや

（和菓子）

そのころ、叔父が買って来た〔虎屋《とらや》〕の〔夜の梅〕という羊羹《ようかん》を、はじめて食べて、そのうまさに、私は眼をむいたことがある。

『食卓の情景』新潮文庫377頁

東京都港区赤坂4―9―22
TEL／03―3408―2331
営／平日9時～19時
土日祝9時半～18時
休／毎月6日（12月を除く）
❖MAP ⑧頁

赤坂に本店のある〔とらや〕は、日本中に鳴り響いた和菓子の名店である。特に〔羊羹《ようかん》〕の存在で、広く人々に知られている。〔羊羹〕と言えば〔とらや〕である。

他の和菓子の名店と同様、〔とらや〕もその出自は京都である。宮中《きゅうちゅう》の御用や茶会のための菓子として、和菓子は京都を中心に発展した歴史を持つ。

筆者は一時期、赤坂に仕事場を持ち、また赤坂の会社に勤めていた時代が長かったから、和風の素敵な造りの〔とらや〕本店の喫茶部をよく利用した。

また、当主《あるじ》が四十年ほど前に青年会議所の会頭をしていた時分に、雑誌の仕事でインタビューしたこともある。いかにも歴史のある老舗《しにせ》の後継者という感じの方であったのを記憶している。そういう理由で個人的に馴染《なじ》み深い店である。

ちなみに喫茶部では〔あんみつ〕が千五百四十円、〔くず切り〕千四百三十円といったお値段。

落ち着いた店内は普通の喫茶店とはまた違った静けさと格式を感じさせる。なにしろ四百年の伝統がある菓子店である。これは当然だろう。デパートや名店街にも数多く店を出しているから、現在《いま》ではすっかり一般的になってしまったが、それにもかかわらず〔とらや〕の名前と〔羊羹〕のインパクトは変わっていないのは大したものである。店が増えれば、どうしても評判や味が落ちてしまうものだが、この店の特徴のある紙袋は、中高年にはまだまだ威力がある。味も落ちていない。

〔羊羹〕など甘い物が社会からすっかり姿を消した戦中戦後の時代を経験している池波には、〔とらや〕のブランド・ネームが迫力を持って響いているようだ。筆者の世代は、甘味の欠乏していた時代への思いはそれほどでもないが、それでも〔とらや〕の〔羊羹〕は大ブランドである。お遣《つか》い物に〔とらや〕の〔羊羹〕なら間違いがないと、利用したことも二度三度ではきかない。

有名な話としては、物資の欠乏し始めた戦前も、決定的に砂糖のなくなった戦時中も〔とらや〕は〔羊羹〕を作り続け、一時は〔羊羹〕一本が黄金と同じくらい希少価値があった、というのが伝わっている。

人間はどんな時にも甘い物に対する欲求があるのだ。ある意味で一種のヘリテイジ、すなわち文化遺産や象徴に昇華した存在と言うべきで、それにはたゆまぬ品質や内容のチェックが働いているに違いない。

世の中が豊かになり、相対的な意味では羊羹など甘い物と和菓子全般の価値が落ち着いた中で、〔とらや〕の〔羊羹〕がしっかりブランド・パワーを維持しているのは大いに評価すべきである。池波がその味に驚いた時代と、基本的に水準は変わっていないというのは凄《すご》い。

**〔おすすめメニュー〕**
中形羊羹 1512 円、竹皮包羊羹 3024 円、大形羊羹 5616 円、
あんやき(1 個)238 円

# 花むら【はなむら】

（天ぷら）

ひろびろとした二間の大座敷の真中に設けられた調理場の中は、天麩羅を揚げながら、客への接待が遺憾なくできるように工夫されており、五、六人の客ならば、あるじ一人で無理なく、さばいてしまう。

『日曜日の万年筆』新潮文庫112頁

東京都港区赤坂6－6－5
TEL／03－3585－4570
営／12時～14時、17時～22時
休／火曜

❖MAP ⑧頁

赤坂のTBSの近くである。氷川公園の前を通り、坂を上がったあたり。〔コルドン・ブルー〕（現在は閉店）という上品なキャバレー・ショウが売り物の店と同じ一角である。坂をそのまま上がって下ると、アーク・ヒルズに出る。ここにはテレビ朝日があるから、〔花むら〕はふたつのテレビ局の真ん中にあるわけだ。

ひと昔前は、新聞社の周りに旨《うま》い物屋が集まると言われたが、最近ではそれはテレビ局に変わっている。もっともそれも、近年は各局がこぞって郊外にスタジオを移したので一時ほどではない、と言う事情通もいるが。

それにしても、赤坂という粋筋《いきすじ》の町にあって、ふたつのテレビ局にはさまれた〔花むら〕は赤坂らしい店である。

玄関に立つと、待合に来たかと錯覚させられるような造りになっており、あせる。赤坂にはこういう造りの店がほうぼうにある。気を取り直して、案内されるままに二階へ上がると、広い座敷が設けられており、天ぷらを揚げる台が二基見える。客はカタカナのロの字の格好になったカウンターの前に腰を落ち着ける。掘り炬燵《ごたつ》のようになっているので座りやすい。席数は三十五席ほどである。小さな床の間が切ってあり、大きな黄色い菊の花が生けられ、「酔月」と書かれた軸が掛かっている。昼間なので、お客は他にいない。

たったひとりのお座敷天ぷらというのは、結構緊張する。

開店直後のバーのカウンターで、バーテンダーと単身向かい合うのはよく経験しているが、こういうのは初めてだ。ビールをもらって、油の温度が上がるのを待つ。昼夜同じメニューで竹、梅、特別、そして、おまかせと分かれている。一番安い、それでも七千七百円の竹を注文する。まず、いきなり海老である。中はしっとり外側はカラリ、という天ぷらの鉄則を守った出来だ。ただ、比べていいのかどうかわからないが、外側のカラリとした感じは銀座の〔てんぷら近藤〕の方が勝っていた。たったひとりを相手にして、いきなり海老を揚げたので、多少の軌道修正が必要だったのかもしれない。それ以後は隠元《いんげん》、銀杏《ぎんなん》、烏賊《いか》のシソ巻き、椎茸《しいたけ》、鱚《きす》、蓮根《れんこん》と、どれも素晴らしかった。いつものように塩だけでいただく。これに御飯と赤だし、香の物。ただひたすら天ぷらを食べるためには、たったひとりで相手と対峙《たいじ》しているのは都合がよいのがわかった。雑念なしで、天ぷらを食べることだけに没頭できる。天つゆは最後の二つ折りになった穴子で初めて使った。大根おろしが結構な味である。

キリンのラガーと天ぷら。サービス料が付いて九千円ほど。

**〔おすすめメニュー〕**
コース（竹）7700 円（梅）9900 円、特別コース 1万2100 円、刺身 1650 円から、酢の物 770 円から（サ別）。要予約

# 横濱屋【よこはまや】

（喫茶）

東京都港区麻布台1-11-2
星野ビル地下1階
TEL／03-3586-7486
営／平日10時〜19時
土日祝12時〜18時
休／不定休
❖MAP ⑧頁

終って、近くのビルの地下にある〈横浜屋〉でコーヒーをのんでから帰る。この店のコーヒーはうまい。

『池波正太郎の銀座日記』［全］新潮文庫116頁

六本木の交差点を飯倉の方向へしばらく歩いたところである。この通りは外苑東通りと呼ばれている。もっとも、東京メトロ日比谷線神谷町駅から歩いた方がずっと早いが。神谷町を走る桜田通りを飯倉の方へ上がるとすぐである。この桜田通りと外苑東通りが交差する角のビルの地下にあるのが〈横濱屋〉。〈鬼平シリーズ〉で登場する麻布狸穴から近い。池波が、いわば縄張りである下町以外でこういう店を発見したのは、そのためであろう。

あたりはソビエト連邦大使館、現在のロシア連邦大使館、とにかく外交代表部があるおかげで、二十四時間機動隊の灰色の装甲車が止まっている。飯倉の交差点のいわば名物になってしまったが、ソビエト崩壊後もこの態勢は変わっていない。その隣がアメリカン・クラブで、少し行くと〈キャンティ〉がある。池波は〈キャンティ〉は行かなかったのだろうか。また、和風だがお洒落な造りの〈狸穴そば〉も近辺だったが、池波の書いたものには登場しないようだ。このように書いて行くと、彼が好んだ店には一種の癖《くせ》のようなものがあり、自分の好みを頑《かたく》なに守っていたことがわかる。有名な〔布屋太兵衛の永坂更級〕も、市販の缶入りのツユを除けば、同じエリアだが登場しない。

筆者は同じブロックにあるジャズ専門誌『スイング・ジャーナル』の編集部に時々行っていた（現在は別の地にある）ので、界隈は知っていたが、池波好みのコーヒーの旨い店がこんなところにあるとは、うかつであった。『スイング・ジャーナル』編集部では有名なのだろうか。

〔ブレンド・コーヒー〕は六百五十円。注文を受けてから豆を挽《ひ》き、ペーパー・ドリップでいれる。池波の好きな方式である。彼が評価するコーヒー店は、まず例外なくこの方法である。例外は浅草の〔アンヂェラス〕（現在は閉店）など、ほんのわずかしかない。自宅でもきっとこの方式でいれていたはずだ。こういう一種律義なほど自分のやりかたを貫くところが池波の良さで、大正生まれの頑固さを感じる。

〔横濱屋〕はたいそう居心地の良い店で、店員の躾《しつけ》がしっかりしている。たとえばマッチを頼むと、小さな盆に載《の》せて渡してくれる。喫茶店としてちょうどよい広さというのがあるとすれば、この〔横濱屋〕こそそれで、くつろぐためにはあまり大き過ぎる店はうまくないのだ。利用しなかったが、こういう店はきっとトイレットも清潔なはずだ。余談だが、かの有名なミシュランの採点ではトイレット・ルーム、すなわち化粧室が男女別れているのが星の条件だという。地価の高い東京ではかなりむつかしい注文だが、こういうスペースを大事にするのは食事の店としては大変重要なのである。店名の〔横濱屋〕は店主の出身地に由来していると聞いた。

**〔おすすめメニュー〕**
ブレンドコーヒー650円、紅茶650円、ハヤシライス1300円

# フィガロ

（フランス料理）

〔シエ・フィガロ〕なども、若い兄弟がはじめた店で、ここでは、店を開ける前に、給仕たちへ、その日のメニューを食べさせ、客の接待にそなえ、しかも、料理はうまい。『食卓の情景』新潮文庫373頁

東京都港区南青山5−3−10 フロムファースト1階
TEL／03−3499−6786
営／12時〜21時半LO
休／不定休

❖MAP ⑧頁

今でこそフレンチ・レストランはごく当たり前の存在で、若い女性たちのお食事会や、マダムたちのランチの場所として大いに賑わっている。池波が色々なエッセイで食の話を綴《つづ》っていた時分は、しかし世に言うフレンチはまだ数が少なく、知る人ぞ知る、という存在だった。外車が珍しかったように、フランス料理の店も希少価値があったのだ。

そういうフレンチ・レストランの草分けがここ〔シェ・フィガロ〕で、現在（店名〔カフェレストラン・フィガロ〕）は表参道から根津美術館の方へ、つまり霞町《かすみちょう》方向へ入った〔フロムファースト〕の中にあるが、かつては霞町すなわち西麻布の交差点近くにあった。今はまったく様変わりをしてしまった西麻布だが、四十年ほど前は閑散としており、〔鎌倉ケント〕と呼ばれるメンズ・ショップと、この〔シェ・フィガロ〕くらいしかなかったのである。あとは〔アマンド〕とか。

〔笄町〕というのが昔の呼び名である。〔櫛《くし》・笄〕の〔こうがい町〕かと思ったら、字はそうだが、

これは〔甲賀・伊賀〕の詰まったものだというのを最近知った。色々あるのですね。

それはともかく〔フロムファースト〕に移った〔フィガロ〕は懐かしい店で、それは味にも現われている。〔季節のメニュー〕というのをいただくと、過不足のない量で、立派な内容のフレンチが手頃な値段で食べられる。良心的な〔ハウス・ワイン〕をカラフェ（水差し）で頼めば、一夕のお食事として申し分のないフレンチ・ディナーが楽しめる。〔むかしの味〕を追い求めた池波にとり、ここのフランス料理は、大いに満足の行くものだっただろう。〔町の洋食屋〕も贔屓《ひいき》にしつつ、ちゃんとした〔フレンチ・レストラン〕にも足を運んでいたのが池波で、そのことは、いまはもうなくなってしまった渋谷のフランス料理の名店〔シェ・ジャニー〕が、ご贔屓リストに上がっていることからもわかる。

〔前菜〕は自家製〔テリーヌ〕で、材料は豚である。〔パテ〕のことだが、〔テリーヌ皿〕で固められると〔テリーヌ〕という料理になる。おかしいね。〔本日のスープ〕は〔冷製のポタージュ〕にした。まだまだ残暑が厳しかったからである。結構なお味で、丹念にかぼちゃを裏漉《ご》しして作られたことがわかる。メインは〔すずきのグリル〕。さっぱりした魚料理が食べたかったからである。〔カラフェ〕は〔赤ワイン〕だが、なに、構うものか。適度に脂《あぶら》が乗った〔すずき〕になら、さらっとした〔赤ワイン〕も、定石外しだが、悪いものではない。〔デザート〕は〔いちじくのタルト〕で、これも上等。久しぶりに訪れた〔フィガロ〕、大いに見直した。かつて、もう三十五年ほど前であるが、〔フロムファースト〕の向かいのマンションに住んでいた。〔フィガロ〕が懐かしいのは、そういう意味もある。

**〔おすすめメニュー〕**
日替わりアラカルト1600円から、牛ロース網焼き2200円

# ムルギー

（カレー）

東京都渋谷区道玄坂2−19−2
TEL／03−3461−8809
営／11時半〜15時
休／金曜、祝日、不定休あり
❖MAP ⑨頁

小さな店だが、売りもののカレーライスに独自のものがあり、日ごとに食べても飽きなかった。ライスを、ヒマラヤの高峰のごとく皿の片隅へもりあげ、チキンカレーを、ライスの山腹の草原のごとくにみたす。『食卓の情景』新潮文庫206頁

渋谷の道玄坂の中ほどを右に折れ、百軒店《ひゃけんだな》の坂を上がって左に曲がると、すぐ右側にある。くすんだ煉瓦《れんが》造りの店である。筆者の学生時代、つまり五十年くらい前に初めて行った時と印象が全く同じである。店内も、テーブルや椅子の様子も変わらない。ただひたすらカレーを食べさせる店だ。「ムルギー」のカレーは一般的なカレー屋のとも、本格的インド料理屋のとも、中村屋などの日本的な店のとも違う。まさしくオリジナルのカレーである。しかし、どこか懐かしいような気分もあって、すいすいと口に入る。

カレー自体は黒っぽい色をしており、口に含むとツブツブ感がある。不思議な歯ざわりであり、口当たりだ。それでいて、カレー以外の何ものでもない。もちろん、黒いからといって焦《こ》げているわけでもない。カレーライスのライスの方もユニークな形状をしており、本来なら緩《ゆる》く丸みを帯びているはずの頂上が、切り取ったように鋭角になっている。両手でしっかり押えつけて山形にした

ような塩梅《あんばい》である。どうやって作っているのだろう。独自の味のカレーに、このシェイプのライスだから、初めて目にする人はちょっとひるむかもしれない。店の人はきっと毎日そういう客の表情を見て、ニヤニヤしているのだろう。店自体と同様味も、初めて食べた五十年前と全く同じである。茹《ゆ》でた卵を輪切りにして並べた〔卵入りムルギーカレー〕が千百円。味とボリュームからすると決して高くない。

若い人の多い町の割には大人の客が目についた。学生と、元学生だった大人にも人気があるのがよくわかる。時々むしょうに食べたくなる味なのだ。

ユニークなのはカレーばかりではなく、その定休日で、毎週金曜がお休みである。ひじょうに美しい顔立ちの女主人が、そう教えてくれた。

池波は他に銀座の〔トップス〕のカレーなども誉《ほ》めているが、カレー専門店は登場することが少ない。これは彼が食いしん坊で、あれもこれもと同じテーブルで食べたい人間だったからだろう。洋食屋でカレーや〔ハヤシ・ライス〕を頼んで、さらにカツとかをもらったりするのが好きだったのである。そういう嗜好《しこう》では一品のみのカレー屋は分が悪い。〔ムルギー〕が登場するのは昔親しんだ味であり、場所も構えもその当時のままだからだと思われる。

このように池波の場合、変わらぬ店に対する愛着は人一倍強い。当然そこには、味においても変わらぬものを持ち続けていることが要求されるわけで、頑固なのは店も池波も実は同じである。ひたすら、昔の味を求め続けた彼の味の追求は、まことにユニークであったと言える。カレーだけでは淋《さび》しいという方は、別に〔ガドガドサラダ〕を頼むとよい。

**〔おすすめメニュー〕**
ムルギーカレー1050円、卵入りムルギーカレー1100円、
ガドガドサラダ900円

# とんき

（とんかつ）

東京都目黒区下目黒1－1－2
℡／03－3491－9928
営／16時～21時45分
休／火曜、第3月曜

❖MAP ⑨頁

みがきぬいた清潔な店内。皿の上でタップ・ダンスでも踊りそうに、生きがよいカツレツ。私は先ず、ロース・カツレツで酒かビールをのみ、ついで串《くし》カツレツで飯を食べることにしている。

『散歩のとき何か食べたくなって』新潮文庫135頁

我が国の〔とんかつ〕業界はこの店を手本とすることで格段の進歩を遂げた。日本中どこの町へ行っても、トンカツ屋はこぞってこの店の方針を真似しだしたのである。トンカツ屋における「とんきナイゼーション」とでも呼ぶべき現象が起こったのだ。確かに〔とんき〕は素晴らしい店で、〔とんかつ〕の揚がり具合や味などと共に、店員のしつけや料理人のキビキビしたところを、池波が絶賛するのはよくわかる。

しかし、と筆者が思うのは、池波を始めとするマスコミの紹介によって、日本中に知られてしまったおかげで、全国のプロのトンカツ屋がこぞってここをお手本にした影響と、その結果の皮肉さについてである。もちろんこれは食べる側にとっては大いに喜ぶべきことで、全国どこでも、行き届いた味の旨い〔とんかつ〕が食べられるのはありがたいことである。だが、そのために本家本元の〔とんき〕が影が薄くなってしまった。今では普通のトンカツ屋さんである。それでいいじゃないかと、言えばそれまでだが、たとえばこういう本を読んで目黒の〔とんき〕へ喜び勇んで行った人が、なんだ普通のトンカツ屋じゃないかと、肩すかしを食ってしまうのを恐れる。軽んじてしまうのを心配する。

この店は今日でも丁寧《ていねい》な仕事をする立派なトンカツ屋だが、他だって頑張っているために、相対的な意味での威力が落ちてしまったのである。マスコミが美味しい店を紹介することの怖さと皮肉が、ここにはある。

〔とんかつ〕は明らかに西洋料理の影響で出来たものだが、全く同じものは世界中にない。〔カツレツ〕と呼ばれる料理や、ドイツやオーストリアで食べさせる〔ウィンナ・シュニッツェル〕がそれに近いが、日本のように豚肉を厚くして揚げたものではない。厚い肉を焦がさずに揚げるのはそれなりの努力を要するが、日本の料理人たちはおよそ百年の間に〔とんかつ〕という世界に誇れる肉料理を独自に完成させたのである。もっとも、日本に来る外人がこの〔とんかつ〕を喜んで食べるという話を聞くことはない。〔すき焼き〕や〔天ぷら〕、それに〔しゃぶしゃぶ〕などと比べると、〔とんかつ〕は彼らの話題にされることが少ない。面白いことである。

さらに言うなら、細切りのキャベツも日本独自のもののようで、海外で生のキャベツを食べる国民はまずいない。ウサギじゃあるまいし、と思っているのである。

そういう意味で〔とんかつ〕は、日本人の、日本人による、日本人のための洋風料理、ということになりそうだ。〔とんき〕はその代表的名店のひとつで、今日あるトンカツ屋の基本を完成させた店なのだ。

**〔おすすめメニュー〕**
ロースカツ定食2100円、ヒレカツ定食2100円、串カツ(2本)900円

# 香港園【ほんこんえん】（中華）

都庁につとめていたころの私は（略）目黒駅から、毎朝、役所へ通った。だから目黒駅の、いまの駅ビルの一角にあった、とんかつの〈とんき〉や、中華料理の〈香港園〉を見出《みいだ》すのに、それほどの時間がかからなかったのである。『散歩のとき何か食べたくなって』新潮文庫133頁

東京都目黒区下目黒1-8-8
TEL／03-3491-1641
営／11時半〜22時
休／無休

❖MAP ⑨頁

目黒と品川の境に住んでいた池波にとって〈香港園〉がある目黒駅の近辺はいわば地元である。目黒の駅は通りを渡るとすぐ品川区になってしまうような場所に位置しているからである。そのために〈とんき〉やこの〈香港園〉は古くから彼の贔屓《ひいき》となった。目黒駅の西口を出て、大きくそびえる三井住友銀行を目印に横断歩道を渡ると、すぐに〈香港園〉の白い建物が目に入る。隣には〈とんき〉がある。今にも池波がすっと姿を現わしそうな雰囲気だ。

ホテルのロビーのような店内は中華料理屋のイメージから遠いが、悪くはない。ホテルの従業員のような丁寧な対応もよろしい。ビールと〈タンタン麵《めん》〉を頼む。四川料理で売るこの店にとって、辛い〈タンタン麵〉は得意のものだろう、と思ったからである。ビールは生。よく冷えていて、とても滑らかな味がする。つまみに〈ザーサイ〉が小皿で出る。生ビールと艶《つや》々した〈ザーサイ〉は相当なマッチングであることを知る。

昼どきであるから、近所のサラリーマンや目黒で買物をした帰りの女性たちで、店内は賑わっている。しかしホテルのロビーのような店内には喧騒はなく、ほどよく並べられたテーブルの間隔のせいで、落ち着いて食事が出来る。こういう気分で〔タンタン麺〕が千三百二十円、昼のランチが千五百四十円から、というのはお値打ちと言っていいだろう。しばらくして〔タンタン麺〕がやって来た。お馴染《なじ》みのオレンジ色のつゆが、辛さを誇示している。麺は細めで、上品である。つゆはトンコツで、これが四川の辛い味噌によくあっている。一般には醤油《しょうゆ》味のものが多いが、トンコツ味の〔タンタン麺〕も悪くない。細い麺がシコシコして、辛いスープを盛り上げる。レンゲですくうトンコツのスープはまことに上首尾で、結局すべて飲んでしまった。

池波は中華料理店では〔やきそば〕を頼むことが多く、これまでの取材でも〔やきそば〕ばかり食べてきたような印象がある。この店で池波が何を食べたかは記録にないが、きっと〔やきそば〕と〔シュウマイ〕かなんぞを、ビールと一緒に食していたに違いない。筆者が〔香港園〕で〔タンタン麺〕をオーダーしたのは、だから純粋に個人的な理由からであったが、〔タンタン麺〕の味は極上で、大いに楽しんだ。

目黒の〔香港園〕は現在の当主・王孝安氏の祖父が始められた。曽祖父の王一亭氏は中国にその名を残す墨客《ぼっかく》として知られ、店内にはその書画が飾られている。店の格調の高さはそういう来歴によるものであろう。

生ビールと〔タンタン麺〕での満足のいく昼食は二千円ほど。隣の〔とんき〕は四時開店で、だからまだ閉まっていた。

**〔おすすめメニュー〕**
タンタン麺 1320 円、小龍包(4 個)1100 円、
ランチ 1540 円から、ランチコース 3630 円から(すべてサ別)

# 餃子荘ムロ【ぎょうざそうムロ】（中華）

東京都新宿区高田馬場1—33—2
TEL／03—3209—1856
営／17時〜22時
休／日曜
❖MAP ⑨頁

夕景、駅近くの〔ムロ〕へ行き、名物のギョーザに鶏《とり》の冷しそばなどを食べる。主人が眼《め》の前でつくるニンニクの玉が入ったギョーザは、ほかほかして、焼き栗《ぐり》を食べているようで実にうまい。

『池波正太郎の銀座日記［全］』新潮文庫291頁

早稲田大学で学んだ筆者にとって、高田馬場は懐かしい町である。卒業後はOB会などで訪れる程度で、普段はまず足を運ばない。そういう意味で、池波が高田馬場の店を訪れているのを知って、いささか驚いた。味についてうんぬんするような店があったかしら、というのが正直なところである。

JR山手線と西武新宿線、それに東京メトロ東西線が乗り入れる高田馬場周辺は、いつも人で溢《あふ》れている。駅前のビッグ・ボックスという大きなビルと山手線の間の道を、大久保方面に歩いてすぐの角を右に曲がった場所が〔餃子荘ムロ〕。小さな店で、店内禁煙とある。

一階はカウンターだけ。十人ちょっと座ればいっぱいだ。二階もあるらしい。目の前の調理場には狭いスペースに若者やおばさん、そして主人《あるじ》らしいがっしりした男性が重なるように働いている。ぼんやりしている人間はひとりもいなくて、洗いものをしたり、フライパンで調理したりと忙しい。大きな小麦粉の塊《かたまり》から小さくちぎって〔餃子〕の皮を作っている若者は、ただそれだけに邁進《まいしん》している。ここでは作り置きをしないで、注文がある度に、〔餃子〕を皮から作るのだ。

普通の〔焼き餃子〕に始まって、カレー味、チーズ味、そしてニンニク玉の入った〔ニンニク餃子〕と、様々なバリエーションを用意している。客は気長に自分の〔餃子〕が焼き上がるのを待ちながら〔やきそば〕や〔中華そば〕、〔炒飯《チャーハン》〕などを口に運ぶ。

〔ニンニク餃子〕と、モルツビール小瓶一本を所定の用紙に記入し、頼む。待つことしばし。大きな塊からちぎられ、棒で薄く伸ばされた皮に包まれた〔ニンニク餃子〕が、ようやく目の前に現われたのは席に着いて四十分後のこと。誰も怠《なま》けておらず、注文を忘れていたわけでもないのに、丁寧に〔餃子〕を作ると、こうなる。

さて、その結果だが〔餃子〕の味自体は格別凄いという気はしなかった。

焼き方だって、コゲ目が結構あって、すんなり口に入るというものでもない。相当待たされてのことだから、腹もすいていたはずだが、決して満足という味ではないのだ。これは一体どういうことだろう。わざわざ皮を大きな塊から一枚分をちぎり、一個ずつ作って食べさせる割には、そのありがたみが伝わって来ないのである。これは決して待たされたことへの恨みではない。いやむしろ待たされた期待感は美味しさを盛り上げるはずである。〔餃子〕を売り物にしているはずなのにと思いながら、コゲ目のついた比較的小さなのを口に運んだ。これなら他の人が食べていた〔やきそば〕とか〔炒飯〕を頼めばよかった。もっと美味しい〔餃子〕を普通の店で出している。作り置きでね。

〔おすすめメニュー〕
餃子6種700円から、唐揚げ700円、野菜そば750円

# 鮨 与志乃【すしよしの】

（鮨）

東京都中野区中央2−30−2
Sビルディング地下1階
TEL／03−3371−8426
営／11時45分〜14時、
17時半〜21時半（21時LO）
休／水曜、日曜、祝日
❖MAP ⑨頁

日本橋の兜町《かぶと》界隈《かいわい》をカメラで撮ってから、京橋の鮨屋《すしや》〔与志乃《よしの》〕へ行く。先《ま》ずビールの小びんをもらって、これをグラスへ注《つ》いだつもりが、なんと、ビールびんのハカマへ注いでしまった。

『池波正太郎の銀座日記［全］』新潮文庫52頁

京橋にあった〔与志乃〕は再開発で閉店を余儀なくされたため、店主は初めて店を構えた創業の地である中野坂上に二〇一三年、〔鮨 与志乃〕を開いた。東京メトロ中野坂上の駅から二百メートルほどの場所である。

坂上の名の通り坂の上に位置しているのだが、決して小高い感じではなく、むしろなだらかなゆったりした道路の流れが、静かな住宅地の気分を作り出している。

店には青梅街道沿いの商店街を少し歩けば着く。中野宝仙寺の方へ曲がって直ぐの地下である。京橋の時分は二階で敷居も高かったが、今度は地下なのだ。旨いものを食べさせてくれそうな期待を強く抱かせる階段をトントンと下って行けばよろしい。酒場でもそうだが、ドアを開ける前から客の心は高まり続け、それをどう満足させてくれるのかと、切望するのである。

入ってすぐ目に付くのが菰《こも》かぶりの一斗樽《たる》〔清酒澤《さわ》の鶴〕。偉容を放っている。これがカウンターの端にあって、すっと八席の椅子が並ぶ。ひじょうにシンプルな造りだ。地下なのに冷たい感じがしないのは薄茶色の化粧漆喰《しっくい》の壁のせいだろう。心を和らげてくれる。反響も気になるところだが、充分気を遣っているのがわかる。ワンワン耳障りな響きは伝わってこない。静かで上品、まずは寿司をつまむのには上々の雰囲気ではあるまいか。

京橋時代の〔与志乃〕は池波と奥方との一種の連絡場所になっていた。旦那同様に昔気質の奥方は、亭主の仕事場へずかずかと踏み込むようなことは決してせず、山の上ホテルで執筆中の池波が休養と旨いものを求めて、お気に入りの寿司屋に来るのを待っていたのである。

そんなことを想いながら、呼吸を整え、静かに〔刺身の三点盛り合わせ〕をいただく。〔かんぱち〕、〔鰹《かつお》〕、〔帆立《ほた》て〕である。のんびり食した後、握ってもらう。刺身用の下地の小皿は引っ込められ、目の前は付け台だけになる。そう、こちらは昔ながらの醤油小皿なしの江戸風なのだ。小皿を所望すれば出してくれるだろうが、味は付いていますよ、と言われる。

〔中トロ〕、〔穴子〕、〔小肌〕、そして〔玉子焼き〕を握ってもらう。玉子焼きはシャリの上に屋根のように載って出る。どれも皆結構。十貫で六千五百円というコースもある。この日は、お好み四貫と刺身盛り合わせ（千三百円）で、三千六百円。ひじょうにお値打ちである。

夕方の開店と同時に二組の客が現われ、たちまち楽しい食事の場となった。皆様ご近所の方たちのようだ。主人も、よくそれを知っている。高級だが地元としっかり繋《つな》がっているのがわかる。

小振りの握りは、どれも立派な仕上がりで、以前に京橋で食したのと変わらない。江戸前ならではのキレのある出来だ。泉下の池波も大いに満足していることだろう。

〔おすすめメニュー〕
（平日昼）海鮮丼 1000 円
（夜）坂上握り 2500 円、京橋握り 4500 円、おまかせ 5000 円から

# 荒井屋本店【あらいやほんてん】（牛鍋）

以前の、いかにも牛なべ屋らしい店構えが、近年はすっかり改築されてしまったけれども、何といっても安くてうまい。

『散歩のとき何か食べたくなって』新潮文庫113頁

神奈川県横浜市中区曙町2－17
TEL／045－251－5001
営／11時半～14時半、17時～22時
休／火曜

❖MAP ⑩頁

横浜は港町であるというのを感じるのは、海の近くに行かなくても、曙町《あけぼのちょう》界隈を歩く時である。伊勢佐木町《いせざきちょう》の小市民的なモールを一筋入ると、そこはいきなりギリシア船員のための酒場だったりする。それを囲むように、風俗の店が原色の派手な看板を出している。このような町並みがトラックの往来の激しい通り沿いにずっと続き、黄金町《こがねちょう》の方まで伸びているのである。若い女性向きのガイド・ブックには決して載《の》らない一帯で、間違えて踏み込んだらかなり緊張するだろう。〔荒井屋〕はそういう一角にある。

元々港町というのはそういうアブナイ性格を有していたわけで、池波の書く横浜はそちらの気分が濃厚である。それは彼が入営したのが横浜だったからで、東京の下町から横浜の海軍航空隊へ配属されるのである。男だけの軍隊で日々を過ごし、それからたまの休みに横浜で遊ぶとすれば、女子供には想像のできない遊興であったことは、容易に察せられる。

黒沢明の「天国と地獄」だったかで、黄金町《こがねちょう》の飲み屋が登場するが、今日の感覚で言うなら、かなりヤバイ土地柄として描かれていたのを思い出す。ニューヨークのハーレムとかサウス・ブロンクスとかに通じる、男女を問わずとても素人が立ち入れないような、そういう場所であった。この黄金町は〔荒井屋〕のある場所からすぐ目と鼻の先である。池波自身は現代の作家としては珍しいほどに、自分自身の遊びや悪所通いについてほとんど記していないが、小説で読む登場人物の遊び方を思うと、決して石部金吉《いしべきんきち》ではなかったことがわかる。そういう意味で、横浜は池波ファンにとって結構生々しい町である。

なぜ池波が、自分のそういう遊びについてあまり書き残さなかったのかは、池波文学研究の格好のテーマであるが、筆者にはそれはあまり興味がない。興味がないというのは、池波の態度は戦前に教育を受けた真っ当な人間なら当然だ、と思うからである。自分の下半身についてくだくだと書くのは、戦後文学の悪《あ》しき傾向である。池波は学問はなかったかもしれないが、個人の下半身のことを書くのは文学をやる人間としては邪道だということを充分にわきまえていたのだ。そういうことを考えながら横浜の裏町を歩くのは、一種格別のものがある。

〔荒井屋〕は東京で言うなら歌舞伎町の真ん中にある名店といった感じ。古い、横浜らしい牛鍋屋《ぎゅうなべ》だ。中はかなり広い。牛鍋屋として繁盛しており、コースは六千九百三十円からある。明治になって初めて牛肉を食べた日本人がもし横浜の人間だったとしたら、こういう店で食べていたのかもしれない、というたたずまいである。あたりのケバケバしさを忘れさせるような店内は、勇気を出して行ってみる価値は十分にある。そして池波の青春時代にこっそり思いをはせるのである。

**〔おすすめメニュー〕**
ランチ1300円から(平日のみ)、
夜のコース/牛鍋、しゃぶしゃぶ6930円から(サ別)

# 蛇の目屋【じゃのめや】

（牛鍋）

それから、曙町の牛なべ屋〈蛇ノ目屋〉へ行くと、私なりに、むかしの横浜をおもい出す。むかしの〈蛇ノ目屋〉の牛なべは、シラタキもトウフも出さず、牛肉と葱《ねぎ》だけで、入れこみの大座敷で食べさせたものだ。

『食卓の情景』新潮文庫225頁

神奈川県横浜市中区伊勢佐木町5-126
TEL／045-251-0832
営／平日17時〜21時15分LO
土日祝12時〜21時LO
休／月曜、第1日曜

❖MAP ⑩頁

伊勢佐木町の長いモールを関内《かんない》からしばらく歩いて行くと、右手に〈蛇の目屋〉がある。とりたてて特徴のある店構えではないが、老舗《しにせ》らしい落ち着きがある。昼どきを外して訪れたからか、日曜の午後の店内はガラガラであった。

広い店である。ガイド・ブックにも、広いから予約は不要とあった。ビルになってしまったから、昔の風情はなくなったのだろうが、それでも、美味しい物を食べさせるぞ、という意気込みが伝わって来る。

〈すき焼き〉というのはかなり後になって出来た呼び名で、明治の文明開化と共に誕生した時の名前は〈牛鍋〉であった。直接的で、かつ強力だが、男性的に過ぎる響きが、時代と共にすたれる結果を招いてしまった。それに比べて〈すき焼き〉という呼び名にはどこか関西商人の商売上手さが匂う。どんな料理も、それらしく高級な名前をつけて上品に、かつポピュラーにしてしまうのが関西流なのだ。今日ではサントリーがその関西流ネーミングの才能の代表格で、サントリーが名付けるとすべてそれらしくなってしまう。古くは水割《みずわり》という、今や世界に冠たるウイスキーの飲み方も、思えばサントリーが寿屋《ことぶきや》の時代に編み出した名前であった。

それはともかく、〔蛇の目屋〕は横浜でも有名な牛鍋屋だから、各テーブルにはガスコンロが備えてある。あいにくひとりで来たので、ここは〔牛丼〕にする。千円。メニューには四時までとある。ランチ・メニューというところか（残念ながら〔牛丼〕は現在、提供していない）。

少し待っていると、大きめの丼《どんぶり》と小さな椀《わん》、そして香の物を載せた盆が運ばれてきた。丼の蓋《ふた》を取ると、三センチ角ほどの牛肉の煮たものが御飯の上に敷きつめてある。美味しそうだ。吉野家の牛コマ牛丼を見慣れた目には、この牛の大振り肉片は魅力的である。牛の他には玉葱《たまねぎ》をあっさりと煮たものが半円形に二切れ。それだけだが、汁が御飯の下までしみて、いかにも旨《うま》い。牛鍋屋の〔牛丼〕とはこういうものだ、という意地を感じさせる。付け合わせの玉葱も、ほどのよい味付けである。白菜の漬物と赤味噌の椀が、実にのどかなハーモニーを奏《かな》でる。

池波は仲間や友人たちとここで鍋を囲んだのであろうが、その様子が浮かんできた。〔牛丼〕とはあくまで牛の肉をしっかりした味付けで食べさせるもの、というのを確認させるような丼である。そうであるなら、紅しょうがも生卵も不要なのだ。

食べていると、お店の女性が御飯は足りますか、と聞いた。そうか、ここでは御飯を余分にもらえるのか。あいにく御飯はちょうどの量だったので断わったが、嬉しいよね。

次は是非、〔牛鍋〕に挑戦しよう。

**〔おすすめメニュー〕**
テーブル／牛鍋 3800 円、しゃぶしゃぶ 3800 円から、
個室／牛鍋 6600 円から、しゃぶしゃぶ 6200 円から（サ別）

# 清風楼【せいふうろう】（中華）

神奈川県横浜市中区山下町１９０
TEL／０４５－６８１－２９０１
営／平日11時45分〜14時ＬＯ、17時〜20時ＬＯ
土曜11時45分〜20時ＬＯ
日祝12時〜20時ＬＯ
休／木曜
❖ＭＡＰ ⑩頁

ここの焼売は豚肉と貝柱と長ネギのみを使う。そして、化学調味料や胡椒《こしょう》などをいっさい使わぬ。それは、先代から受けつがれた調理の方法なのだろうし、長谷川師に、むかしの味を想い起させた所以《ゆえん》なのだろう。『むかしの味』新潮文庫１４５頁

池波の南京町《なんきんまち》つまり〔中華街〕の行きつけはいたって簡単で、〔関帝廟《かんていびょう》通り〕の三軒で事足りる。それぞれあっさりとした店構えの、昔風の店である。休日にはガイド・ブックを持った若い女性が押しかけることもあるだろうが、平日の夕方であればどこもすいている。料亭のような大型の店のような派手さのない、それだけ実質的な店ばかりである。池波が〔シュウマイ〕をつまんだりするのが好きな店として挙げた〔清風楼〕は、名刺に〔シウマイ〕とうたってあった。池波は、その師である長谷川伸が絶対に〔シュウマイ〕とは言わなかったと記している。ここは〔シウマイ〕でなくてはならないのだ。〔ラーメン〕ではなく、〔ラウメン〕であるように。

長谷川伸の感想は、ここの〔シウマイ〕は昔の味がする、というものであった。肉が詰まって皮がピッタリ具とくっついている〔シウマイ〕は、クラシックなスタイルなのであろう。一般に中華料理店でだされる〔シュウマイ〕は、もっとゆるい感じである。これこそが〔シウマイ〕と〔シュ

ウマイ〕の違いであろう。一皿五百四十円で四個入りの〔シウマイ〕とビールを貰《もら》う。非常に美味しい。ビールの大瓶がひとりで持て余さず飲める。多分これまでに食べた中で最高に旨い〔シウマイ〕に違いない。

豚肉と貝柱と長ネギしか使わないというここの店の〔シウマイ〕は、化学調味料や胡椒《こしょう》なども一切使わないらしい。昔ながらの製法で、それが人々に受け入れられているのである。池波ならずとも、感動してしまう。〔清風楼〕は終戦の年の十一月の開店である。現在の当主《あるじ》は三代目であるという。典型的な〔中華街〕の店のパターンである。

広い中国には各地にそれぞれ固有の料理があり、北京とか広東とか四川といった看板を掲げて料理店は営業している。たとえば中華料理の代表のような〔麻婆豆腐《マーボドーフ》〕は四川料理で、だから北京や広東の店では作らない。日本人のやっている、いわゆるラーメン屋さんではこれがまるで関係なく行なわれているから、我々はつい無視してオーダーしがちであるが、これは日本蕎麦《そば》屋で〔トンコツ・ラーメン〕を頼むのと同じなのである。

それはともかく、〔清風楼〕はあっさりとした造りの愛想のない中華料理屋で、それでいて懐かしい感じが伝わってくるところだ。勝手に食べてよ、美味しさには自信があるからさ、と言いたげである。〔中華街〕の店に共通する、暖かい素っ気なさみたいなものが店の空気を支配している。日本の店はもっと馴々《なれなれ》しいところがあって、それは時に鬱陶《うっとう》しいことがある。嫌味な職人気質《かたぎ》とも違う〔中華街〕の料理人の自信は、中国四千年の歴史が育んだ独特の気風なのであろう。我々はただ黙々と食べるだけである。

**〔おすすめメニュー〕**
シュウマイ（4個）540円、
夜コース（座敷4名）1人6300円から。コースは要予約

# 蓬萊閣【ほうらいかく】（中華）

神奈川県横浜市中区山下町１８９
TEL／０４５－６８１－５５１４
営／平日11時半～15時、17時～21時半
土日祝11時半～21時半
休／水曜
❖MAP ⑩頁

「できるかぎり、安くて旨いものを食べていただきたい。ここは自分の家だし、コックは私だし、店のほうは家内がやってくれるので、いまのところは何とか、この値段でやっていけます」と、王さんはいう。

『むかしの味』新潮文庫１４８頁

〔関帝廟通り〕の右端に近く、〔上海路〕もしくは〔中華街中路〕と呼ばれる道に面した店が〔蓬萊閣〕。主人は中国北部の山東省《さんとんしょう》の出身だから〔餃子《ギョーザ》〕はお得意である。〔中華街〕の店だからといって、どの店でも〔餃子〕があるわけではない。店によっては余程ハラに据《す》えかねたか「ギョーザありません」と、壁のメニューにデカデカと記しているところもあるくらいだ。逆に言うと、それほどオーダーがあっても〔餃子〕を作らないところが中国人の頑固さであり、四千年の歴史を持つ所以《ゆえん》である。日本人だったら、きっと自己流で〔餃子〕を作ってしまうのではあるまいか。で、〔蓬萊閣〕では当然〔餃子〕を頼む。それも普通の〔焼き餃子〕ではつまらないから〔蒸《む》し餃子〕にする。それと〔中華丼〕。〔炒飯《チャーハン》〕とどちらにしようかと迷ったが、どういう具が出てくるかを見てみたかった。レジのところに池波の書いた『むかしの味』のハードカバーが置いてある。相当古い版であるが、主人《あるじ》としては誇らしい気持があるのだろう。

「ここもまた、何を食べても旨いのだ」と書かれたら、誰だって誇らしい気持になる。出てきた〔蒸し餃子〕は大きな蒸籠《むしかご》にスクリューのような格好で四個。これで七百六十円である。具を小麦粉の皮で包んだ料理は、中国北部の名物として様々なバリエーションがある。〔餃子〕もその派閥の有力なひとつである。中には普通の〔焼き餃子〕から〔水餃子〕〔揚げ餃子〕、そして〔蒸し餃子〕と流れが分かれており、奥が深い。〔蓬莱閣〕の〔蒸し餃子〕はその大きさにもかかわらず細やかな味で、旨かった。

具はニラや葱などが細かく刻んであるが、バラバラの味ではなく、ひとつの味として、なれている。噛《か》むと中のつゆがジュッと出てきて、実に最高の蒸し加減である。

醤油《しょうゆ》と辛油《ラーユ》と酢で、いつものように〔餃子〕用のつけダレを作る。大きいから多少のことでは味が行き届かない。たっぷりと、つける。

つけ醤油と〔蒸し餃子〕のマッチングが大変によろしい。

春巻の時のように芥子《からし》醤油も試すが、やはり辛油と酢の方がよい。

四個も食べたら満腹になってしまうはずだが、いくらでも入るのはなぜだろう。〔中華丼〕の方は普通の味で、数種の内臓の肉が小さく切って、炒《いた》めてある。オーセンチック（本格的）な〔中華街〕料理である。うずらの卵もちゃんと入っている。内臓はどれも美味で、肉の中でも独特の位置を占める、この食べ物の魅力がしっかり味わえた。これで九百八十円。なにしろ安い。

〔中華街〕は高い店もあるが、こういう普通の料理が、安い値段で、美味しく食べられるのが最高である。

**〔おすすめメニュー〕**
焼き餃子760円、蒸し餃子760円、水餃子720円、
コース3300円から。コースは予約が望ましい

# 徳記【とっき】

（中華）

神奈川県横浜市中区山下町166
TEL／045-681-3936
営／11時～15時、17時～22時
休／無休
❖MAP ⑩頁

さびれた裏通りの袋小路の奥にある〔徳記〕のラーメンのうまさは、横浜出身で、明治末期の支那飯屋のラーメンをなつかしがっていた亡師・長谷川伸に、ぜひ、食べさせたかった。

『散歩のとき何か食べたくなって』新潮文庫115頁

渋谷から〔みなとみらい線〕という地下鉄路線が、従来の東急東横線の延長として出来、新たに誕生した〔元町・中華街〕という駅で降りれば、その名の通り、元町も中華街も、すぐそこである。まことに便利になったものだ。それまでは結構アクセスが大変だった。かつては〔南京町〕と呼ばれた中華街、美空ひばりも「南京町に夜が来る」と歌っている。独特の風情があり、池波にとってては懐かしい町であった。東京からわざわざ足を伸ばし、エキゾティシズムを求め、アバンチュールを探し、〔ミナト横浜〕を満喫したのである。

〔徳記〕は、そういう池波にとって、気兼ねなく〔ラーメン〕を食べるための店で、豪華な表通りの店とはまた違った魅力を、ここに感じていたようである。〔徳記〕の〔ラーメン〕は元祖〔ラーメン〕のそれで、古い世代には、こよなく懐かしく、嬉しい味である。マルコ・ポーロが西欧に広め、〔スパゲティ〕などのパスタになったとされるように、世界の麺類の元締め、のようなところがある。

横浜中華街は不思議なところで、メインストリートの派手な大型店が、見かけによらず（？）美味しかったりする。そういうのに限って不味かったりするのが世の中の常識である。だが、ここでは違うのだ。だから安心して大きな店に入り、そして満足する。そのくせ、小さい店は小さい店で、立派な味を提供している。

それはとにかく〔ラーメン〕も、タクシーの運転手が、こう言っていた。

〔支那〕という呼び名が自主規制され、かつては〔支那ソバ〕と呼ばれ、大いに愛されたものだが、〔南京〕同様使われなくなった。池波も、大いに気をつかって、その呼称を用いないようにしているが、世代的には絶対に〔支那〕と呼んでいたに違いない。

あっさりして、それでいて豚などの脂《あぶら》がしっかりダシに含まれており、それが醤油に絡まって、実に美味しいスープを作る。世界的に見て、〔つゆソバ〕というのは実は少なく、その意味でも〔ラーメン〕は世界に誇る、得がたい食べ物なのである。

「いつ行ってもうまかったねえ。そりゃあ、むかしへの郷愁が、そうさせるんだろうと、そういう人がいるけれども、ちがうね。やっぱりちがう。ソバの味もスープの味も」

池波の師である長谷川伸も、大いにこれを愛し、このように言ったと『食卓の情景』で書いている。「むかし、ぼくがハマで労働やってたとき、南京町へ行ってラウメンを食べるんだが」。長谷川が〔ラウメン〕と呼んでいたという辺りに、歴史の重みを感じる。〔むかしの味〕を、師弟が語り合う場面は実にほほえましい。だから〔徳記〕のラーメンについて「これなど恩師に食べさせたら『ラウメンだ』と、いうのではあるまいか」という記述は胸にぐっと来る。

**〔おすすめメニュー〕**
豚足めん 1045 円、四川麻婆豆腐 1760 円、
コース（2 名〜）2200 円から

# ホテルニューグランド（バー）

神奈川県横浜市中区山下町10
TEL／045-681-1841
営／17時～23時（22時半LO）
休／無休
❖MAP ⑩頁

「（略）時間があれば横浜《ハマ》へ行き、〔ニューグランド〕へ泊って、ドライ・マティーニでもやろうや」『食卓の情景』新潮文庫167頁

横浜港に面した山下公園を目の前にする〔ホテルニューグランド〕は、横浜の人々が大いに誇りとするホテルである。マッカーサーが終戦直後厚木に降り立った後、東京のアメリカ大使館に落ち着くまでここに滞在していた。ホテルとして最高の格式と、語り切れないほどの由緒《ゆいしょ》を誇る。

近年リニューアルされて、往時《むかし》の面影はかなり消えてしまったが、それでもその威容はあたりを払うが如《ごと》くである。バーは〔シーガーディアンⅡ〕と名付けられ、ロビーを抜けて左手にある。以前はスコットランド風の、のんびりした感じであったが、リニューアル後は重厚さを増し、横浜のホテルのバーの代表という存在になった。

池波は普段強い酒を好む方ではなかったが、ここでは〔ドライ・マティーニ〕を飲んでいる。彼が〔マティーニ〕を飲むのは、ここと京都の〔サンボア〕そして〔パリ〕の三軒だ。

筆者は酒についての著作もあり、多分日本で最もたくさん〔マティーニ〕について書いている人

間ではないかと自負するが、ここ〈ホテルニューグランド〉のバーの〈マティーニ〉は実はそれほどでもない。同じく池波が贔屓《ひいき》にした銀座のかつての〈資生堂パーラー〉の、レストランや喫茶室ではなく、七階にあった〈バー・ロオジエ〉などと比べると、劣る。

ちなみに、銀座をこよなく愛した池波が、この〈バー・ロオジエ〉を訪れていないようであるのは、いかにも残念なことである。いやもしかして訪れていても、気にいらなかったのか、と想像できなくもないが、上田和男チーフ・バーテンダー（当時）以下、従業員の粒揃《つぶぞろ》い振りを考えると、そうとは思いにくい。それはともかく、横浜で軍隊時代を過ごした池波にとって〈ホテルニューグランド〉は、格別の思い入れのある場所のようである。ここで一泊して飲んだり食べたりと、好き勝手することを無上の喜びとしていた。

そういう池波を偲《しの》んで、味については不満があるが、ここは〈マティーニ〉で乾杯したい。値段は都心のバーのそれよりはるかに安いのが嬉しい。そもそも〈マティーニ〉というのはアメリカ人の丈夫な胃袋にあわせて考え出されたカクテルで、日本人のヤワな肉体にはちょっとハードに過ぎる。なにしろジンという強烈なスピリッツと、ワインから作るベルモットという酒精をあわせたカクテルである。同じスピリッツを使ってもジュースやソーダで割る〈ロング・ドリンク〉と比べると、すべてが酒で出来たカクテルだ。これを〈ショート・ドリンク〉と呼ぶ。酒好きのためのカクテルはこっちの〈ショート・ドリンク〉で、〈マティーニ〉はこの〈ショート・ドリンク〉の王様と呼ばれる存在である。

強い強いカクテルである。心して、かからねばならないのである。

**〔おすすめメニュー〕**
ドライ・マティーニ1320円（サ別）

# パリ

（バー）

〔パリ〕へ来たら、何といってもカクテルである。田尾さん仕込みのママの腕前は「私は、とてもとても、田尾のようにはいかない」というが、本格的な、すばらしいカクテルだ。『むかしの味』新潮文庫123頁

神奈川県横浜市中区常盤町3−27
TEL／045−641−7533
営／18時半頃〜23時頃
休／営業は火曜、水曜、金曜のみ
❖MAP ⑩頁

〔マティーニ〕のジンは〔タンカレー〕でなくちゃ。

カウンターの向こうから、店にひとりだけのおばさんが、厳《おごそ》かに言う。カウンターは風呂屋の番台のように高くなっているので、その声は天から聞こえてくるようである。言いつつ、ミキシング・グラスに氷を入れ、ベルモットをたらしてビタスを加え、カシャカシャやる。ベルモットは〔ノイリー・プラット〕である。あっという間に出来上がり、3オンス（90ミリリットル）のグラスに目一杯入って、差し出される。こぼさないよう口をグラスに近づけて、すする。美味しい。美味しいですね、〔ニューグランドホテルのバー〕より断然旨いや。そう感想を言うと、皆さんそうおっしゃるわね、と平然としている。

〔バー・パリ〕。横浜の関内の駅前を伊勢佐木町と逆の方へ歩き、常盤町《ときわまち》という盛り場の一角にある。その昔は〔カフェ・ド・パリ〕と称した。現在は〔カクテルバー・パリ〕とある。創業一九二

三年、大正十二年である。池波の生まれた年だ。日本でも一、二を争う古さではないか。〔パリ〕の〔マティーニ〕の最大の特徴はオリーブでなくパール・オニオンを使う点。パール・オニオンを使ったら〔ギブソン〕ではないのですか。恐る恐る聞くと、あっさり否定された。

違うわよ。〔ギブソン〕はステアじゃなくてシェイクする。そしてビタスを入れない。ちなみにステアとは撹《か》き混ぜることで、シェイクはシェイカーで揺すって作ることを言う。ビタスはカクテルに苦味を加えるためのもの。英語のビター（苦い）から来ている。なにしろ筆者が生まれる前からカクテルを作っているような気配なので、すべてハイハイと聞くしかない。それでも〔マティーニ〕の出来が良いから、言葉のひとつひとつに説得力がある。これまで飲んだ〔マティーニ〕の中でも屈指の出来である。

どうしてこんなに、美味しいのでしょう。馬鹿な質問をしてみる。

すると、素晴らしい答えが返ってきた。毎日作っているからじゃないの。

そうなのだ。〔マティーニ〕に限らず、美味しいカクテルの必要条件は毎日ごく当たり前に作っているということにある。もっとも、これは必要条件ではあっても十分条件ではない。毎日作っていればすべてのバーの〔マティーニ〕が旨いかというと、決してそうではないからだ。

椅子のない、文字通りのバーのカウンターの前に立ち、〔マティーニ〕を飲みながら、池波の姿を思い浮かべる。駆《か》け出し時代の池波は、ここへは来たくても来れなかった、という。それほど格式があった。ちなみに現在は〔マティーニ〕一杯が千七百円というお値段。

もう一杯下さい。お代わりを所望《しょもう》する。二杯目も、やはり美味しかった。

# だるま料理店 （和食）

神奈川県小田原市本町2―1―30
TEL／0465―22―4128
営／1階食堂11時〜20時LO
2階座敷11時半〜19時最終入店
休／無休
MAP ⑩頁

「薩埵峠の下をぬけて由比から沼津、三島……たのしいことがなかったら、いっそ小田原へ出て、〔だるま食堂〕で、うまい魚で酒をのみ（略）」
『食卓の情景』新潮文庫166頁

明治二十六年創業の小田原〔だるま料理店〕には浮世と違う空気が流れている。現在の建物は二代目廣澤吉蔵《ひろさわきちぞう》創建になるもので、国の登録有形文化財になっている。釘《くぎ》一本打つのも大変だから、維持は苦労が多いでしょう、とはタクシー運転手の弁。なにしろ大正十五年の建物である。主屋は楼閣《ろうかく》風で、千鳥破風《ちどりはふ》の二連。比翼連理《ひよくれんり》の屋根は見ものである。入口は唐様《からよう》破風。ま、一般の人には由緒ある銭湯のイメージが一番近い。そして内部はアールデコ。昭和生まれには、昔よくあったよなと感慨が深い。よく残ったものである。

不思議なもので、こういう店に入ると、お客も当時の人々みたいに見えてくる。違う空気が流れているとは、そういう意味である。入口を入ると広い。テーブルがズラリと並び脇にはレジ。これも銭湯を思わせる。これは決して軽んじているわけではなく、昔の店はこうだったのだという記憶からである。

当然のことながら店の人も若いのはいなくて、親戚のおばちゃんみたいな方ばかり。さよう、池波の好みの年配が占めている。

〔銀杏の塩あぶり〕と〔生ビール〕で人心地つく。店もそうなら客も、年のいった方たちが圧倒的で、ファストフードが苦手な向きばかりだ。そりゃそうだ。駅前には若い人向きのそういう店がズラリと並び、若者はそっちへ行くだろう。住み分けが、はっきり出来ている。「のれんと味」と箸袋にあるように、あくまで昔の味を守っているのだ。〔秋の吹寄せ〕という、カラっと揚げられた酒肴の盛り合わせを頼む。これは他ではあまり見かけない。

壁に目をやると葉書大のお札みたいな紙に墨と朱でメニューが一品ずつ掲げられている。例えば朱で「旬《しゅん》 秋刀魚《さんま》の塩焼き」とあったりする。このお札だけでも印象的。

売りは〔天丼〕で千八百七十円とある。小田原は古くから栄えた町で海にも山にも近い。なにしろ箱根登山口である。つまりは通過するお客の絶えないところだから、ざっかけないところと伝統とが、うまく折り合いをつけている。まことに池波正太郎好みの雰囲気。食欲もいや増したことだろう。

これこれと、池波自身がこの店について詳しく記述しているものはないが、東海道を取材で旅する時には、しばしば立ち寄ったのではないか。そして、うむやっぱりこういう店が性に合っていると、うなずいたのでは。

新幹線で旅した折に、ふっと途中下車して、ここで一杯やって東京に戻る、などというのが似つかわしい。つまみ二品と生ビールで税込み二千円というのも嬉しい。



**〔おすすめメニュー〕**
天丼 1870 円、すし 1320 円、おさしみ定食 2200 円、
すし・天ぷらセット 2310 円（すべて 1 階食堂の値段）

# 待月楼【たいげつろう】

（とろろ）

静岡県静岡市駿河区丸子3305
TEL／054-259-0181
営／11時～14時LO、17時～20時LO
休／火曜
MAP ⑪頁

A君は、しきりにC屋へ行きたがったが、私は八年前に懲《こ》りている。だから、「〈待月楼《たいげつろう》〉にしよう」と、いった。（略）〈待月楼〉の〈とろろ飯〉は麦飯に味噌仕立て。三十年前とすこしも変らぬ野趣があった。

『食卓の情景』新潮文庫159頁

落ち着いた、のどかな、いい店である。創業百年を越えている。堂々とした構えで宏壮な気分だが決して威丈高ではない。それは、長く客商売をしてきた自信と余裕から来るものだろう。ここも、当然だが仲居さんがいい。池波はちゃんと書いている。

「主婦のアルバイトだという中年の女中の接待もよかった」。この時から四十年は経っているはずなのに、まったく同じような女性が気分よく応接してくれた。まさか同じ人ではないだろう。

静岡駅の北口からタクシーで西へ向かう。国道一号線を走るのだ。そう、品川から走っている日本一の道路である。安倍川を渡り、二千四百円ほど走って山のふもとの料亭に入る。ここが〈待月楼〉。二階へ上がり、ゆったり置かれたテーブルの席に着く。

ポイントは〈味噌〉である。この地は〈とろろ汁〉にダシと共に味噌で味を付ける。それもうんと少量の。この地では、他の店もそうらしい。戦前池波が別の店を株屋の仲間と訪れた時も、味噌味だったと書いている。朋輩《ほうばい》はとろろを味噌で仕上げるとは何だと文句を言ったらしいが、いかにも東京の田舎者である。浅草あたりの麦とろの店では確かにダシだけでとろろを食わせるが、そうでない行き方があっても、それが旨ければいいのである。〔待月楼〕のとろろは、しっとりした味噌味の仕立てで、美味しく仕上がっている。汁も麦飯も一人分ずつ用意されており、それを各自よそって食すのである。

付き出しとして、〔栗〕、〔一口《ひとくち》の寿司〕、〔あえもの〕、〔キンピラ〕などが出る。静かな山を背中に、これらをのんびり食していると、浮世を忘れる思いである。ダシは〔サバダシ〕だという。長い間の、なにしろ百年である、舌と技で作り上げられ、充分に吟味された味の世界が、ここにある。伝統というのは、ファストフードの店が生み出す無粋な味覚とは全く別のものであることを思い知らされる。〔百合根のマンジュウ〕が供され、〔松茸《まつたけ》の茶碗蒸し〕が出て、ラストは〔桃の氷菓〕。これで三千六百三十円である。充分に楽しめた。

家の外に化粧漆喰の洒落《しゃれ》た建物が見え、興を添えている。いい眺めですねと言うと、隣の別の家だという。これはしたり。その奥に見える山の端《は》に雲がポッカリ浮かんでいるのも、なんだかこの店の仕掛けたもののように思えるから不思議である。

一号線からはかなり奥へ入っているから、きちんと目的がなければ着かない場所であるのも、いたずらな俗化を避けるのにつながっている。そして静岡という物成りのよい土地の地味と人柄の良さも、これには寄与している。かなり大きな建物だが、それを維持し、続けてこられたのも、以上のような条件が複合的に絡まってのことだろう。名店が百年続く、というのはそういうことなのだ。

**〔おすすめメニュー〕**
(昼)麦とろコース 3630 円
(昼・夜)ミニ懐石 7700 円から、懐石コース 1 万 1000 円から

# 京都・大阪・名古屋ほか

☞ 巻末マップ⑪〜⑯頁

# 京都サンボア

【きょうとサンボア】

（バー）

京都府京都市中京区寺町三条下ル
TEL／075-221-2811
営／17時～24時
休／火曜、第2水曜
❖MAP ⑬頁

〔サンボア〕で（略）軽くやってから飯を食べに行き、その帰りにもまた、ちょいと〔サンボア〕へ立ち寄る。男だけが行く酒場である。
『散歩のとき何か食べたくなって』新潮文庫97頁

最近は銀座ソニー・ビルの裏に〔銀座サンボア〕が出来、ときどき足を運ぶが、取材の頃は関西にしかなかった。京都には〔祇園《ぎおん》〕と〔寺町《てらまち》通り〕、あの〔三嶋亭《みしまてい》〕（150頁参照）の近くにあって、こちらへは、京都に行くたびに顔を出した。あとは大阪に数軒ある。ちなみに〔銀座店〕にはシガーが用意されており、なかなかの品揃えで、それも贔屓《ひいき》にしている要因である。

「たとえば京都へ来て、夕飯を四条通りの万養軒に決めたとすると、そこへ行く道すじに〔サンボア〕があるというのは、うってつけのことなのだ」（『散歩のとき』）。こう書く池波が好きである。すなわち贔屓の酒場というのは、ちゃんとした食事の前後に必要なもので、いわゆる大酒飲みが、ただ酒だけを飲み、酔ってくだをまいている図ほど、みっともないことはない。池波はそう信じていた。

もちろん、ときに酔うことは悪いものではないが、きちんとした生活と食事があっての酒だと、池波は自らを律していた。

今回の京都の取材で、料亭〔萬亀楼《まんかめろう》〕（176頁参照）に赴く前、河原町《かわらまち》通りのロイヤルホテルでマティーニをやり、シガーをすって楽しんだのも、池波と同じ発想である。〔萬養軒《まんようけん》〕が〔萬亀楼〕に、〔サンボア〕が〔ロイヤルホテル〕のバー、〔ヘイブン〕に変わっただけのこと。

「〔サンボア〕は、京都で、もっとも古い酒場の一つであって、立飲台へ出されるウイスキーも、カクテルでさえも、きびきびとした中年の主人の、小柄だが精悍《せいかん》な風貌《ふうぼう》に似つかわしい、男っぽい味がしてこようというものだ」（『同』）

〔酒場論〕として、これ以上のものはない。『酒場正統派宣言』の著者が言うのだから、間違いない。いわゆるオーセンティック・バーのブームは、池波没後の、今から三十年ほど前のことだが、ちゃんとそれを見越し、男の酒場の要諦を示していたのである。

寺町通りは平安京の東京極大路《ひがしきょうごくおおじ》に当たり、北の鞍馬口《くらまぐち》通りから南の五条通りまで、南北に延びる全長四・六キロの通り。寺町〔京都サンボア〕は、その南端から一キロ北にある。京都で唯一ではないか、と思われる葉巻店にも近いので、大いに重宝している。カウンターで〔マティーニ〕をいただく。実は滅多なところで、これは頼まない。失望することが多いからである。だが、ここは天下の〔サンボア〕。池波も太鼓判を押している。頼むと、さっと出てくる。これでもう勝負がついている。おたおた作っているのは、それだけで落第。〔マティーニ〕は速攻に尽きる。

普段は〔ビーフイーター〕と〔ノイリー・プラット〕でこさえるが、ここ〔サンボア〕では〔ジン〕は〔ゴードン〕だという。結構です。美味しい。もう他に言うことはない。あとは、何杯飲めるかである。極端に言うなら、旨い〔マティーニ〕は何杯でも飲めるのだ。

**〔おすすめメニュー〕**
マティーニ1500円、ペルノー1200円、
ニッカ竹鶴ノンヴィンテージ（ダブル）1500円、
スコッチ1100円から、ビール（小）700円

# 三嶋亭【みしまてい】

（すき焼き）

京都府京都市中京区寺町通三条下ル桜之町405
TEL／075-221-0003
営／11時～21時（20時15分LO）
休／水曜

❖MAP ⑬頁

いまは、一人前で腹いっぱいになってしまうといいたいところだが、何しろ、この店の賀茂《かも》牛の肉はすばらしい。「あっ……」という間に、いまでも二人前は腹中へすべり込んでしまう。

『散歩のとき何か食べたくなって』新潮文庫98頁

それまで肉など食べなかった日本人が、明治維新を境に西洋料理のメインである〔牛肉〕を食べ出した時、いち早く〔西洋御料理　牛肉販売所〕という看板を掲げて〔三嶋亭〕は商いを始めた。京維新の六年後である。〔牛肉〕を売る傍《かたわ》ら、当時の言葉で言う〔牛鍋《ぎゅうなべ》〕を食べさせる店を設け、京都の人間に西洋の味覚を提供した。もっとも、本格的な西洋料理ではなく、砂糖と醤油《しょうゆ》で味付けをした和風の牛肉料理であったのは、当時の味覚状況からすれば仕方のないことであったろう。

爾来《じらい》百四十年余、〔三嶋亭〕は京都における〔すき焼き〕の元祖として親しまれてきた。古いものを大事にする一方で、新しいものにも貪欲《どんよく》な面を持つ京都人の嗜好《しこう》に支えられ、今も立派に商いを続けている。「京都の三条から四条にかけての、河原町通りが東京の銀座だとすれば、それから一筋、西へ寄った新京極の盛り場は、さしずめ浅草だといってよいだろう。（略）新京極の通りは、三条から四条までであるが、さらにもう一筋、西へ寄った通りが〔寺町通り〕である」（『散歩のとき』と書く池波は、寺町通りの〔三嶋亭〕に浅草の旧《ふる》い〔すき焼き屋〕の面影を見出したのだ。

モダンなスタイルの行灯と〔牛肉　すき焼　三嶋亭〕と書かれた大看板を見ながら、中へ踏み込む。一階に七室、二階は大部屋つまり〔入れ込み〕の座敷。三階は小部屋が続き、四階は宴会場という具合だ。通りから見るとそうは感じないが、〔三嶋亭〕は四階建ての大きな店なのである。

昼間なので〔お手軽すき焼き〕というのにする。それと日本酒を一本。文字通り猫の額ほどの庭を眺め、チビリチビリやっていると、葱《ねぎ》、玉葱、豆腐、糸蒟蒻《いとこんにゃく》、麩《ふ》、そしてもちろん牛肉を並べた盆を手に、仲居さんが現われる。

およそ〔すき焼き〕の料理の仕方は二つに分かれる。〔割り下〕、つまり濃い口醤油と味醂《みりん》を合わせ、ひと煮した汁を使う方法。いま一つは、始めは醤油だけ、あとは砂糖や日本酒を加減しながら、ゆっくり煮つめていく方法である。

ここ〔三嶋亭〕では、〔割り下〕を使う。砂糖で味を整えながら肉をまずざっと焼き、それから〔割り下〕を入れ、徐々に野菜や糸蒟蒻を加えていくやり方である。〔すき焼き〕というからには焼くことが重要であると考える向きには、これは理にかなった方法である。初めから材料が一緒だと、〔すき焼き〕というより〔すき煮〕になってしまうと危惧《きぐ》するのだ。ま、とにかく〔三嶋亭〕の〔すき焼き〕をいただくことにする。特筆すべきは〔麩《ふ》〕の存在である。昨今まことに出番の少なくなった食材であるが、なにしろ京都には〔麩屋町《ふやまち》〕という町があるくらいだから、よく口にするのであろう。これが、〔すき焼き〕の味をくどくなくする働きをしているのを知る。今度自宅でもやってみよう。

**〔おすすめメニュー〕**
お昼のすき焼きコース7986円、月コース1万5730円、
極上月コース2万570円

# 盛京亭【せいきんてい】

（中華）

京都府京都市東山区祇園町北側263
TEL／075－561－4168
営／12時〜14時、17時〜20時
休／月曜、火曜
❖MAP ⑫頁

はじめて、ぶらりと入ったとき、祇園の芸妓《げいぎ》が〔おちょぼ〕を連れ、炒飯《チャーハン》を食べていた。（略）このような場所柄《がら》、盛京亭の中華料理は、いかにも日本人の舌に似合う味だ。『むかしの味』新潮文庫170頁

四条《しじょう》通り北側、という表示ではなく、祇園町《ぎおんまち》北側と記される。池波は「祇園の北側、四条通りから路地を入った突き当りの小さな店」（『むかしの味』）と書く。知らぬ身には結構探すのが難儀である。諦《あきら》めず、四条大橋と八坂神社を結ぶ線の真中から、北に、花見小路《はなみこうじ》に平行して、一本西の路地を入ると、あった。

京都の地番は縦横が東西南北になっており、正に碁盤《ごばん》の目のようだからわかりやすい、とされる。確かに慣れていればそうだが、ここ〔盛京亭〕の表示のように祇園町北側とされても、さっとわかるまでには年期がいる。四条通りの北側で、四条大橋の東の、路地のゴチャゴチャした辺り、と説明されて、やっとわかったという寸法である。

ちなみに言うと、〔くず切り〕の〔鍵善《かぎぜん》〕（162頁参照）の隣に当たる。祇園町北側二六四番地が〔鍵善〕で、二六三番地が〔盛京亭〕なのだ。もっとも〔盛京亭〕は路地のずっと奥だから、四条

通りに面した〔鍵善〕と、軒を並べているわけではない。

新国劇の仕事で京都の南座に赴いた池波が、稽古《けいこ》の合間に近所をうろうろして見つけた、というのがこの〔盛京亭〕であった。

ここの中華料理は池波好みの、〔むかしの味〕である。つまりはラーメン屋さんの味。しかし池波には、これがよく合ったのだろう。

きりっとした感じの、美しい顔立ちの女性が注文を聞き、お茶を運ぶ。おかみさんだ。カウンターだけの、八人ほどの座れる店である。味は、まず基本的な中華のそれ。〔固いやきそば〕の、具とソバの混ざり具合はよろしい。

四条通りを挟んで、南北一キロほどの花見小路は、南の〔一力《いちりき》〕側が三百メートル、〔鍵善〕や〔盛京亭〕のある北側は七百メートルほどの長さである。そぞろ歩くには丁度よい。京都のバーやスナックの主人にとり、祇園の、ここ花見小路に店を持つのが夢だとされる。小路の脇の小さい通りや路地には無数の店が並んでいるが、そこだけを見ている分には大阪の北新地や、銀座の並木通りと変わらない。昼間だから小さな子どもが歩いていたりするが、こういう子の親は、どういう人生を歩んできたのだろうかと、余計な心配をしたりする。

花見小路を横切るように流れているのは新川《しんかわ》。小さいが水は綺麗《きれい》だ。流れに掛かる小さな橋が新橋であり、さらには巽《たつみ》橋。小さいが場所が祇園だから、この二つ、なんとなく風情がある。二つの橋を結ぶ線を底辺とする三角形の、頂点に当たるところに辰巳《たつみ》神社があった。巽と辰巳、鴨川と加茂川の表記が並存しているのが京都である。

〔おすすめメニュー〕

やきそば990円、焼飯880円、酢豚1100円、春巻660円

# 蛸長【たこちょう】

（おでん）

京都府京都市東山区宮川筋1−237
TEL／075−525−0170
営／18時〜21時半
休／水曜
❖MAP ⑫頁

「ま、行ってごらん。いまの世の中にも、安くて旨いというものがあるのだから……」と、私は京都へ行く若い友人たちへ、蛸長の存在を知らせてやる。『むかしの味』新潮文庫131頁

京都で酒を飲んでいて好ましいのは、大学の先生と思しき連中が、ときに学生と、そしてときに教員同士で杯《さかずき》を酌《く》み交わしているのを見ることである。もともと京都という町は、大学生や、その先生を大事にする風潮がある。

初めて〔蛸長〕のカウンターに座ったとき、大部分を、どこかの大学の先生と学生たちが占めており、それが妙に心に残った。見ていて、良い気分なのだ。長幼の序、というものを感じたからかもしれない。その頃はまだ物書き専業で、まさか自分が教壇に立つことになろうとは思っていなかったから、かもしれぬ。

「京都には、四条の南座の裏手に〔蛸長〕という、三代もつづいているおでんの老舗《しにせ》がある。この店で、聖護院大根《しょうごいんだいこん》や、飛竜頭《がんもどき》、コロや海老芋《えびいも》、湯葉《ゆば》など、京都らしいおでん種で酒をのむのは、私のたのしみの一つである」（『むかしの味』）。ひじょうに素直に、池波は書いている。それは結局こ

の店の主人の人柄によるものであることが、わかってくる。
「〔蛸長〕の現当主（越浦長治）は、若いころから親切な人で、私が初めて、この店へ入った二十年も前から、人柄《ひとがら》は少しも変らず、客あしらいが、まことにやさしく、やわらかい」（『同』）
新国劇の仕事で京都に来て、周囲に誰も知った顔がない時分、この店で心づくしのもてなしを、それはごく当たり前のものだったのであろうが、受けたことを多として、池波はここに通ったのである。おそらくは京都の町と人の気が〔蛸長〕という店の上質の気分を作り上げたのだろう。誰でも一度行くと、ファンになってしまうと池波は書いている。
ところで〔おでん屋〕の料金というのは、これで結構値段の張るもので、決して安くない。〔蛸長〕もその例に漏《も》れぬ。だが池波同様多くの人々がここを贔屓にするのは、やはり店の気分の力によるものだろう。もちろん池波の書くように〔おでん〕の味も、けだし上等である。飲み屋街である宮川通りの入り口に近く、南座は目と鼻の先という地の利の良さも、これを引き立てている。〔おでん　燗酒《かんざけ》〕というが、日本人の、ことに寒い時分の酒として、これに勝るものはない。温かい、ということが、もうそれだけで和《なご》みを運んでくるのだ。〔鍋〕もそうだが、やはり日本人の酒には温かみというのが、不可欠であるらしい。実はここから近い鴨川べりの〔新三浦〕に赴いたときにも、大学のグループと思しき一団が、鍋を囲んで酒を飲んでいた。思わず声をかけたくなる気安さがあったのは、ご同業だからか。そして〔おでん〕とか〔水炊き〕という料理、いかにもそういう飲み会に相応《ふさわ》しいと思った。〔鮨屋〕だと、こうはいかないのではないか。それはそれとして、〔蛸長〕は京都を代表する〔おでん屋〕であった。

**〔おすすめメニュー〕**
蛸 1000 円ぐらい、湯葉 1000 円、豆腐 300 円ぐらい、
飛竜頭（がんもどき）600 円

# 逆鉾【さかほこ】

（ちゃんこ鍋）

ぐらぐらと煮えたつ鍋へ、野菜と鶏《とり》を叩きこむようにして入れては食べる。『食卓の情景』新潮文庫94頁

京都府京都市中京区下樵木町203-5
TEL／075-221-0845
営／17時～22時
休／不定休
❖MAP ⑫頁

酒の飲めない〔新国劇〕の辰巳柳太郎と池波は、ここ〔逆鉾〕へ行き、大いに楽しんだ。食事の後、辰巳をホテルへ送ると、弟子の大友柳太朗が待っていた。今はもう三人とも生きていない。これは「ダーティ・ハリー」鑑賞の直後というから五十年近く前である。それにしても、大友が辰巳から〔柳太朗〕という名前を貰《もら》っていたことに今回初めて気がついた。そうだったのか。〔逆鉾〕のある木屋町《きやまち》通りは、高瀬川に沿って伸びる繁華街である。映画のセットのような素っ気ない、浅い川が、京都の人情を表わしているように、東京の人間には思えた。表面のもてなし上手の様子の下に、あっさりとしていて、とりつく島のないような感じが京都の人間にはあって、さらに奥には、また別の面が隠れている。それがわかるには、かなりの日数がかかる。一枚腰、二枚腰、ということだ。まことに正体が摑《つか》みにくい。

さらにそこに一種の中華思想のようなものが絡《から》み、京都人の性格を複雑にしている。古い町すな

わちパリやローマに住む人々に共通の、はっきり書けば優越感だ。東京人にもあるが、江戸はたかだか四百年である。対して京都には桓武天皇遷都以来千二百年の歴史がある。これはどうあがいても京都の勝ち。仕方がないだろう。

それはそれとして、京都には池波が愛した江戸風の、男っぽい雰囲気の店は少なかった。それだからこそ余計に、ざっかけない店を敢えて好んだのだろう。ここ〔逆鉾〕も、その一つである。鶏も、そのままではなくミンチにし、ぐらぐら沸き立った鍋に放り込む。野菜や豆腐などもふうふう言いながら食べる。これが〔逆鉾〕の〔ちゃんこ鍋〕である。ひじょうに美味しい。ビールがいくらでも飲める。やはり〔相撲力士〕の料理なのだ。盛り沢山の材料を、ただドンドン入れることにより、独特のコクと旨みが生まれる。ごく薄い〔ダシ〕だけで、いくらでも食べられる。いやむしろ、薄味だからこそ、材料そのものの味が引き立ち、美味しく感じられ、沢山入るのかもしれぬ。くどい味付けだと、もうそれだけで満腹感が近づいてしまうのだ。よく考えられた料理である。以上たらふくいただいて、一名様五千円ほど。

「入れこみの店内で、二人とも大声に語り合う。他人が見たら、喧嘩《けんか》をしているように見えるそうだが、笑い声がきこえるので、『そうではないらしい』と、わかるのだと、むかし、だれかにいわれたことがある」（『食卓の情景』）

〔新国劇〕の座付作者として三十六年間、大いにこれを盛り立てた池波だが、時代が〔新国劇〕というものを必要としなくなってきているのを、敏感に感じていたはずである。それに対して自分の文名は上がるばかり。当時の池波のそういう複雑な気持ちを考えながら、木屋町通りを歩いた。



**〔おすすめメニュー〕**
ソップ鍋3950円、うま辛ちゃんこ3950円（いずれも付出し込み）

# 新三浦【しんみうら】

（水炊き）

久しぶりで祇園の〔新三浦〕へ行き、鳥の水炊《た》きを食べ、おいしいともおもい、むかしのままに、この店が良心的な商売をしていることに感心もしたが、おもうようには食べられぬ。『食卓の情景』新潮文庫３４４頁

京都府京都市中京区木屋町通御池上ル上樵木町４９１
TEL／０７５-２３１-１２９７
営／17時〜22時
休／日曜
❖MAP ⑫頁

〔水炊き〕の〔新三浦〕といえば、博多の名店である。東京にも、銀座の良い場所に一軒ある。それが、京都での池波の行きつけの店として、記録されている。〔鍵善〕を探していると、祇園の〔由良之助〕（現在は閉店）の近くにあった。こしらえは料亭のそれである。確かに南座での新国劇の稽古の前に、ここで食事をしている〔祇園の〔新三浦〕は閉店〕。だが木屋町通りにも一軒あるらしい。地図で目星をつける。ありました。森鷗外の名作〔高瀬船〕で有名な高瀬川の始まるあたり、その記念碑が建っている近くに、小さく〔新三浦〕と看板が出ている。

入り口は狭く、小路になった突き当たりに、店はあるようだ。京都ならではの、町屋の、細長い通路を奥へ進むと、〔新三浦〕の朱色の暖簾が掛かっていた。夕方五時の開店だが、その少し前に着いてしまった。それでも、どうぞどうぞと案内されて驚いた。なんと、鴨川べりの、オープン・エアの仕掛けなのだ。よしず張りの床が鴨川にせり出し、涼しい初秋の風に吹かれながら〔水炊

き〕を食す寸法なのである。だがここも期間限定。九月一杯で屋内に戻るらしい。良い時に来た。

それにしてもこれは、東京の人間には、ひじょうに嬉しい趣向である。第一、こういう趣向は東京には、まずない。河原町を歩いていて、鴨川べりにせり出した料理屋の、いかにも京都らしいたたずまいに、気持ちを寄せない人は少ないのではないか。でも、なんとなく敷居が高そう。お値段も心配。東京の人間にはそういう杞憂《きゆう》が生じるのだ。

ところが二度目の驚きは、ここが良心的な値段であると知る時である。〔水炊き〕が二人で一万円と少々。他にビールとか日本酒を結構いただいても、税金サービス料共で総額一万五千円ほど。アルコールがなければ、もっと安く済むわけである。これなら、そう心配するほどの値段ではないだろう。

味は天下の〔新三浦〕である。突き出しから、黄色く濁《にご》った鶏の脂が食欲をそそるメインの鍋、そして雑炊まで、間断するところがない。仲居さんが、そっと、こちらはあの森光子さんの生家だと教えてくれた。ふーん、そうなのか。

すっかり満足して、あたりを見回す。来た時はまだ陽があった鴨川べりも、お勘定をする頃には随所に灯が入り、京都の夜にと誘う。

世に聞こえた〔スッポン〕の〔大市《だいいち》〕（174頁参照）の〔雑炊〕が総合優勝の味だとすれば、ここ〔新三浦〕のそれは、クラス別での優勝が可能な味であった。ひじょうに上等に仕上がった、微妙な〔生姜〕の味付けになる〔雑炊〕は、その値段を考えると、まことにお値打ちである。こういうものが美味しいから、京都は日本人に愛されるのであろう。

**〔おすすめメニュー〕**
水炊きコース 5800 円（サ別）

# 志る幸【しるこう】

（和食）

旅行者もこの店を好むが、なによりも京都の人びとが押しかけて行く。それが〔志る幸〕の強味だ。『食卓の情景』新潮文庫87頁

京都府京都市下京区西木屋町四条上ル真町100
TEL／075-221-3250
営／11時半～（入店）14時、17時～（入店）20時
休／水曜（祝日と重なる時は営業）、不定休あり

❖MAP ⑫頁

しんみりした店、というのが第一印象である。しっとりと落ち着いた、との表現もできる。四条河原町から木屋町のあたりは、京都随一の繁華街だ。木屋町通りは、北は二条から南は七条に至る高瀬川の東側の通りを指す。その距離二・二キロという。春には桜の名所として大勢の見物客を集める。が、昼間の〔志る幸〕は客の数もそう多くはなく、のんびりと、しかし音も立てずに昼食を取る女性客数人がいるだけ。いたって静かだった。

今から五十年ほど前に茶事の弁当をヒントに、千利休にちなんだ〔利久弁当〕を考案、これが当たった。池波はこう記す。「黒ぬりの盆に、五、六種のとりざかなを盛って、まぜ飯を型でぬいたのを添え、これに豆腐の白味噌椀《みそわん》がつく」（『食卓の情景』）

当時と同じものが、現在も変わらず出てくる。まず〔蕗《ふき》の煮たもの〕。黄身のドロリとした〔ゆで卵〕の半分。塩で加減した味が酒にあう。〔鶏の唐揚げ〕と〔半身のブリの焼いたもの〕。そして

池波の言う〔まぜ飯〕である。ご当地では〔かやく御飯〕と呼ぶ。そして〔白味噌椀〕。以上が名物〔利久弁当〕である。

池波はこの〔志る幸〕で〔鯛《たい》の刺身〕と〔野菜のゴマ和え〕を注文し、酒を三本飲んだことを記している。さらには〔スグキの漬物〕も注文した、とある。刺身は〔明石鯛〕のプリプリしたものだったと、満足の体である。これを半分残し、御飯を頼み、〔おとし芋の赤味噌椀〕と〔スグキ〕で、結局飯を二杯食べたらしい。

そうか、池波は関東の人間だから、〔白味噌椀〕を嫌い、〔赤味噌〕の関東風のものを頼んだのか、と合点した。京風の〔白味噌椀〕は、彼の口にはちと甘いと考えたのであろう。〔利久弁当〕の〔白味噌椀〕をいただきながら思った。『食卓の情景』には〔志る幸〕についての記載が二回あるが、どちらも似たようなものである。そして、どちらも〔利久弁当〕は食べていない。ここで食すのは専《もっぱ》ら〔刺身〕であり〔豆腐の味噌汁〕で、京都でなくともいいものばかりだ。

池波は〔志る幸〕で夕食を済ませた後、新国劇の稽古に立会い、深夜にラーメンの大盛を食べている。次の日も、たいそうな食欲を見せていた。こういう食事と、京都のはんなりした食べ物とは、どこか住む世界が違うと言いたげである。

かつて池波は、自分は工事現場の監督のようなものだと自嘲気味に書いたことがある。それに続けて、そういう現場監督のような食欲を示したこともあったのに、今では随分衰えてしまったと、珍しく弱音を吐く。まだまだ壮年として他には負けないぞという気迫のみなぎった頃だったから、池波としては、これはまことに珍しいことであった。

〔おすすめメニュー〕
利久弁当 2700 円、鯛めし丼 1800 円、湯豆腐 1200 円、鯛茶 2200 円

# 鍵善【かぎぜん】

（くず切り）

〈鍵善〉につたわる螺鈿《らでん》の見事な器《うつわ》に、氷に冷えた〈くず切り〉が浮き、これを黒蜜《くろみつ》につけてすすりこむと、酒に火照《ほて》った口中へ、さわやかな甘味が涼々とひろがってくる。『食卓の情景』新潮文庫175頁

京都府京都市東山区祇園町北側264
TEL／075-561-1818
営／9時半〜18時（17時45分LO）
休／月曜（祝日と重なる時は営業。翌日が休み）
❖MAP ⑫頁

名にし負う祇園の中にあるのだが、賑やかな四条通りに面している。そのためかどうか、佃煮にするほど女性のお客が押しかけており、パリのルイ・ヴィトン本店もかくや、という繁盛振りである。〈くず切り〉を食べるのに何十分も待つというのも一寸《ちょっと》なんだが、取材だから仕方がない。それでも、朱に染めた暖簾《のれん》や、瀟洒《しょうしゃ》なウィンドウ・ディスプレイは一見の価値あり。ことに暖簾のデザインは物凄くモダンで、田中一光が手掛けた、と言われても納得する。

「〈由良之助〉を出て、祇園〈一力〉すじ向いの菓子舗〈鍵善《かぎぜん》〉の店先へ腰かけて〈くず切り〉を食べた」（『食卓の情景』）と池波が書いたのは、店先に腰かける余裕がある時代であった。祇園も、もっと静かだっただろう。享保《きょうほ》年間というから八代将軍徳川吉宗の時代の創業である。今から三百年前になる。

そういえば料亭〈萬亀楼〉の女将が言っていたが、明治維新で宮中はこぞって江戸に引っ越した

が、菓子舗で連れて行ってもらえたのは〔とらや〕すなわち赤坂に本店を置く〔とらや黒川〕だけだった。以来京都の菓子舗は、いつ天皇さんが京都にお帰りあそばされるか、首を長くして待っているのだという。〔鍵善〕正しくは〔鍵善良房〕も、その中の一軒である。

〔鍵善〕を訪れた池波はこのとき、今年も直木賞を逸したであろうと、密かに落胆するのだが、実は受賞していた。作品名は『錯乱』。昭和三十五年のことである。良かった良かったと、池波正太郎ファンなら誰もが破顔するエピソードである。

〔くず切り〕を頼むと〔白蜜〕か〔黒蜜〕かの選択を迫られる。その物言いのほどが、実によろしい。混雑はしてはいるが、客あしらいは粗略ではないのだ。この辺が、創業三百年の重みであろうか。

〔くず切り〕が千二百円、〔お薄〕と〔グリーン・ティ〕が六百円である。お客は〔くず切り〕と一緒に、このどちらかを頼んでいるようだ。甘い蜜が掛かっているから、水だけでは後口がさっぱりしないのだ。もっとも〔お薄〕は、かなり熱燗だったと、連れが文句を言っていた。

池波の言及している螺鈿の容器は、武田信玄考案という〔信玄弁当〕の姿を模し、昭和の初期に世に出たものである。

作家水上勉が、この店の宣伝パンフレットに、宿酔の朝には、これが一番と、賛辞を寄せている。酒飲みに、つとに人気のある甘味ということなのだろう。

店の入り口近くに〔葛《くず》〕の原木が飾られていた。黒く光る〔葛〕から遠く〔吉野〕を思い、そこに遊んだ平安の公達やお姫様たちを思い起こす、そういう仕掛けであろう。

**〔おすすめメニュー〕**
くず切り（1 人前）1200 円

# 萬養軒【まんようけん】

（フランス料理）

**四条通りの〔万葉軒〕へ出かけ、大好きな冷コンソメにヒレ・ステーキをやり、グリーン・サラダを一鉢食べ、ようやく活力がみなぎってくるのを感じた。**『食卓の情景』新潮文庫345頁

京都府京都市東山区祇園町南側570-120　2F
花見小路四条下ル（祇園歌舞練場前）
TEL／075-525-5101
営／11時半～15時（14時LO）、17時～22時（20時半LO）
休／火曜、水曜
❖MAP ⑫頁

海外で〔ステーキ〕をやる時は、いつも〔ヒレ〕である。日本には、外国ことにアメリカの〔ステーキ〕の不味さをあげつらう向きが多いが、とんでもないことだ。海外でも〔ヒレ〕だったらまず外れはない。〔サーロイン〕や〔ニューヨーク・カット〕と呼ばれる大判なものを頼むから、いけないのである。これらも、食べ慣れているなら美味しいのだが、日本の、柔和な牛肉しか知らない向きには、歯ごたえがあり過ぎる。海外での牛の〔ステーキ〕は、肉の独特の感触と、嚙《か》めば出てくるジューシーな肉汁を味わうものであって、日本の柔らかな肉は、その意味で肉のうちに入らない。固いからこそ、肉なのである。海外における〔ステーキ〕は、嚙む喜びを感じるための食べ物であり、厚く、大きい〔ステーキ〕を食するとき、彼らは無上の喜びに浸るのである。そして当然だが、これは男女を問わない。昨今、〔肉食系〕とか〔草食系〕と、男のタイプを分けることが流行しているようだが、以上のような意味で、これは正鵠《せいこく》を得ている。頑丈な歯で固い肉をガツガ

ツ食べる〔肉食系〕男子は、正に男の内なるタフさや丈夫さを表わしているのだ。

　ところで〔ヒレ〕だが、これは正確には〔フィレ〕と呼ばれる、牛の柔らかい肉の部分の呼び名。肉牛の腰の上部から肋骨《ろっこつ》にいたる部位を指す。別名テンダーロイン。その名の通り、柔らかいのが身上だ。欧米ではこれを五センチほどにも厚く切り、じっくり焼く。煉瓦《れんが》を真っ二つにしたような塩梅《あんばい》で、柔らかな食べ心地が、ことにお上品なご婦人に人気がある。

〔萬養軒〕の〔ヒレ・ステーキ〕には、なんと〔フォア・グラ〕すなわち〔鵞鳥《がちょう》の肝〕が添えられてあり、食通を唸らせる。〔ステーキ〕と〔フォア・グラ〕である。これ以上文句あるか、という気持ちになってしまう。〔ワイン〕は、この夜は独りだったから〔ジュヴェリ・シャンベルタン・シャトー・ラトゥール〕の〔ハーフ・ボトル〕。〔フォア・グラ〕添えの〔ステーキ〕一皿よりも高価だが、これが美味しかった。ちなみに書くと、ワインは大きいサイズのボトルほど美味である。ハーフより〔フル・ボトル〕の方が、フルより一層旨いのが〔マグナム・ボトル〕である。

　それはとにかく〔萬養軒〕の料理とワインは素晴らしいもので、京都を代表するフレンチ・レストランの名に恥じないものであった。外へ出て、あらためてモダンな〔萬養軒〕のたたずまいに目をやる。格式と新しさが、ほどよく調和した造りである。いわゆる洋食も好きだが、こういう本格フレンチも、池波は大いに好んだ。たびたびフランスへ旅しているのも、フランス料理が口に合ったからである。

（萬養軒は二〇一三年、現在の場所に移転し、店名も〔ぎをん萬養軒〕とした。料理も単品ではなく、コース料理のみの提供となっている）

**〔おすすめメニュー〕**
昼コース 4400 円・6600 円、夜コース 1 万 1000 円から（すべてサ別）

# 村上開新堂【むらかみかいしんどう】

（洋菓子）

〔村上開新堂〕は、明治末年の開業で、〔好事福盧《こうずぶくろ》〕は、初代の店主が工夫考案した洋菓子である。『食卓の情景』新潮文庫354頁

京都府京都市中京区常盤木町62
TEL／075-231-1058
営／10時～18時
休／日曜、祝日、第3月曜
❖MAP ⑬頁

よく見ると大変な美人なのに、普段は決してそうは映らない女性というのが時々いる。〔村上開新堂〕はそういうのに近い。大正美人、とはこういうものなのかもしれぬ。「この店構えのよさは、まったく、たまらない。立ちつくして見ていて飽きない。つつましやかな、タイル張りの三階家は、大正から昭和初期の、落ちついていた町のたたずまいを偲《しの》ばせてくれる。ガラス張りのショー・ウィンドウの腰張りは大理石だ。看板は〔村上開新堂菓舗〕と、たったこれだけである」（『散歩のとき』）。池波は、こう書く。もう何も付け足すことはない描写である。

ここ四、五年毎年のように京都を訪れ、来れば散策を欠かさない寺町筋でも、ここ〔村上開新堂〕は、不動の四番バッターという存在感で辺りを払っているのを知る。両側をウィンドウに挟まれ、白いペンキに塗られた木枠のガラス扉を押して〔村上開新堂〕に入る。〔クッキー〕や〔ロシアケーキ〕が陳列されていた。建物をそのまま女性にしたようなおかみさんが対応してくれる。

〔好事福盧《こうずぶくろ》〕をお願いする。四つほど、包んで欲しいのですが。そう言うと、予約になりますが、と返事が返る。それでは明日取りに参ります。耳のところが隠れるようになった防寒用の帽子をかぶり、白い上っ張りを着た御主人が陳列ケースの奥の工場から姿を見せる。工場内は寒いのであろう。これが三代目になるという村上喜一氏。この方もまた、池波好みのピンと背筋の伸びた典型的な日本男児の風貌であった。決して居丈高にならない柔和な様子の中に、強靭《きょうじん》で高潔な精神を感じさせる。「私が、はじめて〔好事福盧〕の味を知ったのは、むかし、祇園のお茶屋で、酒のあとに出されたときのことであった。材料は蜜柑《みかん》である。それも、紀州蜜柑の大きなやつ」〔『食卓の情景』〕。これ以来、池波は京都を訪れると、この〔好事福盧〕を口にしないではいられなくなる。「この中身をゼリーにする。蜜柑の実をしぼったジュースへ、キュラソーをそそぎ、ゼラチンでむっちりと固めたものを、また蜜柑の皮へつめこみ、パラフィン紙で包み、蜜柑の葉の形のレッテルをひもで下げる。古風な、いかにも明治・大正をしのばせるデザインなのだが、いまも変らぬ」〔『同』〕。〔好事福盧〕を説明するのも、池波のこの描写でこと足りる。

今の世の中には、もっとダイレクトに果実の味と香りを運んでくるものがある。しかしそういう舶来指向の西洋風〔ゼリー〕にはない鄙《ひな》びた床《ゆか》しさが〔好事福盧〕にはあって、池波が賞味したのも、その部分ではなかったか。西洋生まれの〔ゼリー菓子〕とは発想が似ているようで、全く異なるものを持つ。洋風を装いながら、これはあくまで日本の菓子なのだ。池波は京都滞在中に飲んで帰ってくると、ベランダに出して冷やしておいた〔好事福盧〕で、喉《のど》を潤《うるお》したという。まだホテルには冷蔵庫が完備されていなかった時代の話である。

**〔おすすめメニュー〕**
好事福盧（1個）508円、ロシアケーキ（1枚）205円、
クッキー（小缶）5832円（大缶）7538円

# イノダコーヒ（喫茶）

京都府京都市中京区堺町通三条下ル道祐町140
TEL／075-221-0507
営／7時〜18時
休／無休
❖MAP ⑬頁

亡《な》くなった植草甚一《じんいち》さんが、よく、私にいったものだ。

「どうして、イノダのコーヒーは、あんなに旨《うま》いんでしょうね？」

『むかしの味』新潮文庫83頁

〔コーヒー〕ではなく〔コーヒ〕、これが京都の名店〔イノダコーヒ〕の矜持《きょうじ》である。
『『私の朝は、イノダのコーヒーから始まります。もう、長い間の習慣で、イノダのコーヒーをのまんことには、一日が始まりませんの』京都の或《あ》る商家の老主人が、私に、そういったことがある」（『むかしの味』）
〔コーヒー〕か〔紅茶〕かで言えば、池波は〔コーヒー〕の人であった。しかし、一日一杯必ず飲まねば、というほどではなかった。だが美味しい〔コーヒー〕にはしっかり敬意を払っており、自分で〔コーヒー豆〕を買っていれているし、東京でも何軒か、ここの〔コーヒー〕は旨いと紹介している記述がある。
　堺町《さかいまち》通り三条下ルの〔イノダコーヒ〕本店は大きな店である。〔コーヒ豆〕を出荷する部門の建物が向かいにあり、隣は事務所になっている。ウィンドウには青い船腹の〔コーヒ輸送船〕のミニチュアがデンと飾られ、目を引く。白い事務所の建物の上にはオレンジ色の地に〔COFFEE〕の文字が三つ並んでいる。その下の、白いペンキで囲われた扉の上には〔INODA COFFEE STORE〕とあり、隣の青いファサードにはご丁寧《ていねい》に〔INODA COFFEE SHOP〕とある。正に〔コーヒ〕の殿堂に恥じない造りだ。

〔イノダコーヒ〕は京都に、この本店も含めて六軒ある。〔コーヒ〕色の地に白く〔INODA COFFEE〕と染め抜かれ、西欧風の紋章をあしらった暖簾をくぐる。暖簾の脇には〔イノダコーヒ本店　純国産珈琲　アラビアンパール発売元〕という看板があり、〔イノダコーヒ〕のマークである赤いコーヒーポットが描かれている。

〔ホットコーヒ〕をお願いする。すると間髪入れず、〔砂糖〕を入れるか、〔ミルク〕はどうするかと尋ねられた。一瞬あせる。こういうことを、いきなり客に質する店は、珍しいのではないか。〔ミルク〕は結構です、〔砂糖〕はお願いしますと応える。やって来た、あらかじめ〔砂糖〕の入った〔コーヒ〕を、いただく。美味しい。ワインを評する時に、ボディがあるという表現を使うことがあるが、この〔コーヒ〕はボディがあると思った。さらに一口。今度は〔砂糖〕と〔コーヒ豆〕が微妙に口中で混ざり合い、ハーモニーを奏でているのがわかる。二口三口と続けて飲んでも、最初の旨さが持続する。まことに結構な〔コーヒ〕であった。

ここ数年、毎年のように家人と趣く京都でのホテルはイノダの本店からは少し遠く、専ら行くのは支店の方であった。ここでコーヒーでも、と思うと必ずイノダの支店があるのだ。これは凄いことである。

**〔おすすめメニュー〕**
ホットコーヒ 600 円、ケーキセット 1040 円、
ミックスサンド 1120 円、ビーフカツサンド 1930 円

# 錦【にしき】

（京懐石）

嵐山《あらしやま》の、大堰川《おおい》へ架かる渡月橋の下の中ノ島にある料亭の〔錦《にしき》〕も、夕暮れどきからは観光客のざわめきが絶え、まことに落ちついた〔別世界〕になる。『散歩のとき何か食べたくなって』新潮文庫２１４頁

京都府京都市右京区嵯峨嵐山中ノ島公園内
TEL／０７５-８７１-８８８８
営／11時～21時（19時ＬＯ）
休／火曜（祝日と重なる時は営業。翌日が休み）
❖ＭＡＰ ⑫頁

京福《けいふく》電鉄四条大宮駅からチンチン電車に乗り、終点の嵐山駅まで十一駅。駅のすぐ前が天龍寺だ。足利尊氏のお寺さん。駅前を南に向かうと、桂川にぶつかる。料亭〔錦〕は、この桂川に掛かる渡月橋《とげつきょう》を渡った中ノ島という中洲《なかす》にある。

「ここは、戦後の店であろう。〔桜宿膳《おうしゅくぜん》〕というのは、京の町屋で使う箱膳を使い、念の入った、美しくて、うまい料理を食べさせる」（『散歩のとき』）。池波にこう書かれたら、嫌でも期待が増す。

〔野々宮〕というコースを頼むと、その中に〔桜宿膳〕が入っているという。

まずは〔揚げからし豆腐〕。からし豆腐を室温に戻し、水を切ってから米粉をまぶしてカラッと揚げたもの。〔銀あん〕と呼ばれる〔あん〕が掛かっている。〔あんかけ豆腐〕だ。続く〔お造り〕すなわち刺身は〔鯛のへぎ作り〕。三枚におろした鯛の、皮を薄く剝いだままで出すことを、こう呼ぶ。付け合わせは〔おくら〕〔松葉大根〕〔梅酢らっきょ〕〔とさか海苔《のり》〕。

次が〔お椀替わり〕で、正月を控えた季節だと〔寄せ餅花〕と銘打ってある。豚のミンチと魚のすり身のオダンゴを揚げ、海老の皮を剝いたものと合わせ、丸くして熱湯に入れて仕上げる。ダシで下味を付けた茹《ゆ》でた〔小いも〕と一緒に椀によそおい、熱いダシをかける。付け合わせは〔人参〕。手が込んでいる。

そして〔桜宿膳〕である。二段重ねの重箱で出される。ゴージャスだ。上段は〔酒肴《しゅこう》〕つまりは酒の肴、おつまみである。〔焼きからすみ〕〔つく羽根くわい〕〔糸巻き厚焼き卵〕〔炒《い》り雲丹《うに》〕。さらには〔椿寿司〕〔もろこ甘露煮〕〔干柿ぬた巻き〕〔松葉ちしゃとう〕。どれも酒にあう。ビールで始めた酒は、燗をした〔キンシ正宗〕。二本飲む。〔椿寿司〕は白身の魚を椿の葉で挟んだもの。〔ちしゃとう〕はレタスね。包丁で松葉のように捌《さば》いてある。

続いて下段。まず〔炊き合わせ〕、言うところの〔煮物〕である。包丁を入れた後、熱湯をかけて花のように開かせた〔弾《はじ》けたらこ〕〔冬至《とうじ》かぼちゃ〕そして〔ブロッコリ〕。最後は〔揚げ物〕で、〔甘鯛真引き粉揚げ〕という名前。〔れんこん〕と〔三度豆〕が付く。京都で〔グジ〕と呼ぶ〔甘鯛〕、実は真正の鯛とは別物らしいが、旨い。〔三度豆〕とは〔ささげ〕のこと。そして御飯。美味しい。〔すきみ鱈《たら》雑炊〕と呼ばれ、骨を抜いた干し鱈を強火で焼き、身を細かくほぐしたものが〔雑炊〕に仕立てられている。つまりは〔たら雑炊〕。だが京都のお家芸とも言うべき〔雑炊〕だから、凡百の〔雑炊〕とはわけが違う。酒代込みで七千円。大いに納得する。

（現在、〔野々宮〕コースはなくなり、基本の〔桜宿膳〕コースのほか、一品～四品を追加したコース料理を頼むことができる）

**〔おすすめメニュー〕**
桜宿膳コース 5500 円、他に 6500 円のコースなども。
おまかせコース 1 万 3500 円から、
座敷（昼）8000 円のコースから、（夜）9200 円のコースから。要予約

# 平野屋【ひらのや】

（鮎料理）

わら屋根の、いかにも風雅な掛け茶屋があって、名を〔平野や〕という。平野やは、享保《きょうほう》のころからある古い茶屋だそうな。

『鬼平犯科帳㈢／兇剣』文春文庫133頁

京都府京都市右京区嵯峨鳥居本仙翁町16
TEL／075-861-0359
営／11時半～21時
休／不定休

❖MAP ⑫頁

格子造りの店構えに〔鮎　平野屋〕と白く染め抜かれた暖簾が下がっている。これが、床几《しょうぎ》と緋《ひ》毛氈《もうせん》に見事にマッチし、木枠の行灯《あんどん》に平仮名で〔あゆ〕と書かれた文字が昔っぽい。緋毛氈の床几の上には、手あぶりのための小さな火鉢《ひばち》が置いてある。

軒下に下げられた黒地の布は〔平野屋〕〔あゆよろし〕〔平野屋仁兵衛〕と白く抜かれている。こちらも暖簾同様、風雪に耐えた黒地の布がグレイに風化している。いや、黒地と見えたが元は藍染めだったのかもしれぬ。それが見事に黒ずみ、風雪に晒《さら》され濃いグレイに変わってしまったのだ。

木と紙の障子の引き違い戸が開かれたままになり、土間とそれに続く上がりかまちが見える。蓑《みの》とすげ笠が仕切りの壁に掛けられ、手前には〔一味〕と記された小看板が立つ。その奥には大小二基の行灯。畳を淡く照らしている。今にも鬼平が襖《ふすま》をガラリと開けて登場しそうな絵柄である。

それも当然で、享保年間つまり徳川吉宗の時代に営業が始まるらしいが、建物はもっと古く、江戸時代もかなり初期のものだという。四百年ほども前の建物が、そのまま残っているのである。

それにしても、風邪を引きそうに風通しのよい店である。冬場でも部屋全体の暖房の用をするのは、奥の大きな火鉢だけ。戸は開いたまま。畳の上の緋毛氈の小ぶりの火鉢の火はガンガン燃えているが、それだけでしんしんと伝わる冷気は防げない。両手を火鉢の上にかざしてすり合わせても、おっつかない。しかしそれだけに、出された〔甘酒〕が腹にしみる。昔の人になったような、そんな気がする。

生姜《しょうが》入りの〔甘酒〕は黒茶色の由緒ありげな大振りの茶碗《ちゃわん》で出される。〔ウラジロ〕という木の枝が刺さっている。カクテルの〔ブラディ・メリー〕に添えられるセロリのスティックのようである。これで、ドロリとした〔甘酒〕を掻《か》き混ぜながら飲むのだ。

フーフー言いながらの〔甘酒〕が、こんなに美味しいのも、外の寒さがダイレクトに伝わってくるからだ。なにしろ吹きさらし同然なのだから、これは強烈である。

店の左奥にある調理場では、ガスではなく薪《まき》で料理をする。米も〔おくどはん〕と呼ばれる昔ながらの釜《かま》で炊くのだ。つまりここの店では外見の古さばかりではなく、実際のもてなしすなわち煮炊きも、昔ながらのやり方で実践しているのだ。これは凄いことではあるまいか。

それだけに、料理ではなく、〔甘酒〕一杯のお手軽訪問では申し訳ないような気になるが、池波はそれでも充分〔平野屋〕の魅力を味わえると書いている。また、ちゃんとした料理を頼んだ場合、その代価は〔鮎料理〕の値段としては高いが、それだけのことはあるのだからいいと、弁護している。賛成である。なにしろこれほどのしつらえと、調理の仕方である。高くて当然であろう。

**〔おすすめメニュー〕**
鮎のコース（昼）8800円から、（夜）1万6500円から、
豆腐のコース5500円から（すべてサ別）。要予約
しんこもちと抹茶880円

# 大市【だいいち】

（スッポン鍋）

その洗練された店構えのすばらしさは、たとえようもない。そして、すっぽんの味も同様だといっておこう。

『散歩のとき何か食べたくなって』新潮文庫212頁

京都府京都市上京区六番町371
TEL／075-461-1775
営／（入店）12時〜12時半、17時〜17時半、19時〜19時半
休／火曜
❖MAP ⑭頁

創業は元禄年間。初代近江屋定八が始めた。現在までに十八代を数えるという。建物は創業当時のまま。京都の店らしく、〔大市〕の玄関側は普通の町家のような造りである。池波はこう書く。「木と竹と紙と布（のれん）と、黒と白と茶の色彩とが微妙に綯《な》いまざった、まぎれもない江戸のデザインを見ることができる」（『散歩のとき』）

桟瓦《さんがわら》と京格子《ごうし》と犬矢来《いぬやらい》が形作る店前面のたたずまいは、これまで繰り返し時代劇などで見せられた、池波の言う江戸のデザイン。まことに心落ち着くものである。

行灯の明かりに照らされ、白地木綿にステンシルのように〔大市〕と染め抜かれた暖簾をくぐり、格子戸を開け、店に入る。そこはもう時代劇そのままの世界だ。土間に立ち、名乗ると、どうぞと案内される。通されたのは三畳間。独りだから、こうなる。オーダーをして、酒は燗酒を頼む。まず突き出しに出されたのは〔スッポンのしぐれ煮〕、要するに佃煮《つくだに》。酒によく合う。

ちびりちびりと呑みながら待つことしばし、グラグラと鍋も熔けよとばかりに熱された〔スッポン鍋〕がやって来る。コークスでやるから、このように激しく煮えるのだ。〔スッポン〕は工業製品なのだ。生姜《しょうが》とダシで独特の味に仕立てられたスープがグラグラと沸《わ》き、その中で〔スッポン〕が踊っている。物凄い迫力である。理科の実験かなんぞのようである。しかし同時に大いに旨そうである。

〔アブラ身〕を〔ホネ〕から外しながら食べる。かつて東京の某店で食したとき、このスッポンの身のホネからの剝《は》がれ具合が悪くて往生したことがある。「剝がれやすいのも秘伝のワザの一つです」仲居さんがこともなげに言う。

〔ささ身〕も入っているが、〔アブラ身〕よりは少ない。それは〔アブラ身〕こそ〔スッポン〕の真骨頂と考えているからだろう。それにこの〔アブラ身〕は普通の〔アブラ身〕と違い、むしろ植物の成分に近いものを有しているとされる。実にたいした〔アブラ身〕なのだ。ちなみに〔アブラ身〕の正式名称はゼラチン質。エンペラと呼ばれる〔スッポン〕の甲羅の縁のゼラチン質がその正体である。

ところで〔大市〕でいちばん唸《うな》ったのは、この〔アブラ身〕ではなく〔雑炊《ぞうすい》〕であった。今まで食べた中で最高に旨い〔雑炊〕であった。数ある〔雑炊〕の中でトップにランクするが、ジャンルをうんと広げ、すべての料理のカテゴリー中でも、相当高い位置に置かれるのではないか。要するにメチャメチャ旨かったのだ。値段の高価であることも、独り酒の侘《わび》しさも、すべて忘れて、ただひたすら美味しかったのである。〔雑炊〕がこんなに美味でいいのか、と大声で叫ぶほどに。

**〔おすすめメニュー〕**
コース 2万4500 円。要予約

# 萬亀楼【まんかめろう】

（京懐石）

古い京の町が、そのまま闇の中に息づいてい、細い道には車も人も通らず、人声も絶えてしまう。そこに私は、むかしの江戸の町の夜の姿を感じることができる。料亭〔万亀楼《まんかめろう》〕も、こうした町の一角にある。

『食卓の情景』新潮文庫52頁

京都府京都市上京区猪熊通り出水上ル
蛭子町387
TEL／075-441-5020
営／12時～15時、17時半～19時LO
休／水曜
❖MAP ⑭頁

さしもの残暑も納まった頃、河原町通りの京都ロイヤルホテルでマティーニを二杯やり、ロミオ・エ・フリエタをのんびり一本すってから、タクシーに乗り込む。いざ出陣、という気分である。「ほんとうの、京の町びとのための料亭であって、しかも繁昌《はんじょう》をしている」（『食卓の情景』）。読みようによっては、ざっかけない店のようにも読めるが〔萬亀楼〕、決してそうではないだろう。そう踏んでいた。直観である。果たして、タクシーに乗り込み行く先を告げると、思わず運転手が振り返った。今年は二回目ですわ。格が高く、易々行ける店ではないらしい。クルマ一台がやっと、という小路から、打ち水を施したたたきに、足を一歩踏み入れると、そこは京都の渋さと、年季の入ったあでやかさを感じさせる秘密めいた世界。ほの暗い玄関は、侘《わ》びたたたずまいの中に古都の料亭の洗練と、粋な風情を漂わせていた。文字通り、京の奥座敷。思わずホッとため息。

京都でただ一軒、〔生間流《いかま》〕を受け継ぐ、料亭である。京料理の極めつけが出る。池波は〔烏帽《えぼ》子《し》・直垂〕で執り行なわれる〔式庖丁《しきぼうちょう》〕の儀式を見ているが、特別な予約時以外披露されない。訪れたのは九月半ば。〔重陽《ちょうよう》の節句〕は過ぎたが、季節にちなんで〔菊〕が、色々な料理にあしらってある。最初は、〔菊の花〕の飾りに真綿〔絹製〕で作られた〔繭《まゆ》〕が置かれた一品。白い〔真綿〕が〔月の出〕を表現している。「食べられしまへん」が、あでやかで奥ゆかしく、装飾として申し分ない。続いて〔菊の花びら〕の〔おひたし〕、〔鱧《はも》〕、〔お造り〕、〔南瓜《かぼちゃ》〕を月見に見立てた〔お椀〕、〔焼き物〕など、京都らしく王朝風の贅《ぜい》を凝《こ》らしたもの。目を楽しませ、味も格別。中に〔さといもの葉〕を皿に敷き、供されたのが印象的だった。鮮やかな緑が今も目に浮かぶ。

京美人の女将が付ききりで相手を務めるが、正調京都弁の、その会話の素晴らしいこと。時が、夢のように過ぎる。この地は豊臣秀吉が築いた聚楽第《じゅらくだい》の跡地だと言う。西陣と聞いたが、聚楽第とはね。たまたま西行法師の話になり、美人で名高い待賢門院《たいけんもんいん》の名前が出ると、女将の小学校が待賢小学校であると教えられた。今はもう廃校になってあらしまへん、ということである。いかにも京都らしい話題。また、この冬に家人と京都を訪れた際、人気の高いK元総理と、祇園の外れ、石塀《いしべ》小路《こうじ》ですれ違った話をすると、そうどすか、と訳知り顔になった。だがそれ以上の、誰がどうこうの詮索《せんさく》はなし。元総理の行状、この世界では知られた艶話《つやばなし》なのであろうが、口は堅い。

それはとにかく、京の一流の味と、夜の奥深さを知ろうとするなら〔萬亀楼〕にしくはない。そのしつらえ、料理、応対《もてなし》、話題、そして漂う粋《いき》な空気、それらを最上の状態で供し、客をもてなしてくれる。二時間のつもりが、三時間の野暮な長っ尻となった。二名でビールと日本酒四本、〔御一人様〕一万九千八百円のコース料理で、サービス料共で五万二千円ほど。満足であった。

**〔おすすめメニュー〕**
竹籠弁当7150円(昼のみ)、
昼の懐石は1万1000円から、夜は1万9800円から(すべてサ別)。
予約が望ましい

# 雲月【うんげつ】

（京懐石）

京都府京都市上京区寺町通り今出川下ル二筋目角
TEL／075-223-5087
営／（入店）12時〜13時半、18時〜19時半
休／不定休
❖MAP ⑭頁

〈雲月〉の料理は、女主人みずから庖丁をとってつくる。もともとは主婦であったが、料理好きが昂《こう》じ、寺方の精進料理を長らく修業し、さらに大阪の名流料亭へ入ってみがきをかけたそうな。

『食卓の情景』新潮文庫137頁

京都の北西部にある〈鷹《たか》ヶ峰《みね》〉。ここに本阿弥光悦《ほんあみこうえつ》が徳川家康から地所を下賜《かし》され、芸術村を開いたのは、四百年前である。幕末を舞台にした『その男』の構想を考えあぐねていた池波は、この地でにわかに天啓を受け、以後すらすらと書き進めることができたという。その〈鷹ヶ峰〉にある〈雲月〉には、是非訪れたかった。だが、事情でどうしても駄目になり、代わりに、寺町通り今出川下ル、にある方に行った。〈御所《ごしょ》雲月〉と呼ばれる店である。その名の通り、京都の中心に位置する御所の東側を、塀《へい》に沿って北上し、途切れる辺りにある。御所の真向いだ。市役所あたりから赴くとタクシーでも結構あるが、場所としてはわかりやすい。ここが、ひじょうによかった。

ランチが三千円である。京都のほかの名店に比べると、いかにも安い。だからあまり期待していなかった。なにしろ連日連夜、名のある料亭で御一人様一万円以上の、いわゆる料亭料理を食べ続けてきたのだから。いわばちょっと休憩、といった気分であった。

ところが、小さな猪口《ちょこ》に〔黄桜〕が食前酒として出され、続いて〔土瓶蒸《どびんむ》し〕が現われたあたりから、座り直して、料理に向かうことになった。もっとも座敷ではなく、掘り炬燵《ごたつ》式の椅子カウンターであるが。入り口で名乗ると、一旦外へ出て、こちらへ案内されたのだ。居心地の良いしつらえである。カウンターの数は七席ほど。

目の前の額には〔新寿盃〕とある。誰の書かは聞きそびれた。次は〔湯葉鍋〕で、熱々を匙《さじ》ですくって食べる。鍋仕立ての趣向は珍しい。さらに〔生麩揚げ〕、鯛とトロの〔鮨〕と続き、〔昆布〕や〔野菜の煮物〕などが間断なく出てくる。これは注文違いではないのと、連れに目配せする。とても三千円のコース・ランチとは思えないからである。それでも、どこかでこの成り行きを楽しんでいる自分に気づく。

いつものようにビールでうがいしながら日本酒をいただき、日本酒でほんのりした酔い心地をビールで覚ます、という飲み方を続ける。こういうとき、ここ〔雲月〕のように際限なく出される小品ほど、酒飲みを堪能させるものはない。言っておくが、それでも酔ってはいないし、舌の感覚は麻痺《まひ》していない。食欲は充分にあり、連れとも楽しく語らっている。

最後に、驚くべきことに〔鯛の釜めし〕が供され、止めを刺した。これだけでコースのメインに成り得るボリュームと出来であり、これで三千円ですと言われても、納得してしまう。連れは、残った〔釜めし〕を〔おみや〕に包んでもらった。それほど、量があるのだ。

日本酒とビールを存分にいただき、さてお勘定となった。紙切れの数字を見る。目を剝いた。一万円札でお釣りが来たのである。あれは正真正銘〔三千円〕のコースだったのだ。大推薦。

**〔おすすめメニュー〕**
昼の懐石3000円・5000円（税サ別）。要予約

# 神馬堂【じんばどう】（焼き餅）

京都府京都市北区上賀茂御薗口町4
TEL／075-781-1377
営／午前中
休／水曜
❖MAP ⑭頁

美しい上賀茂《かみがも》神社の社前に、つつましやかな店をかまえる〔神馬堂《じんばどう》〕の焼き餅も、その一つで、私はよく、これを買って来て、夜更《よふ》けのホテルで食べたり、みやげに買って帰ったりする。

『むかしの味』新潮文庫132頁

上賀茂神社脇にある〔神馬堂〕は焼き餅の店。京都らしい古い商家造りの、どっしりした建物である。張り出した一家の屋根の上に〔あおいもち〕と書かれたブーメランの格好の看板が掲げられている。〔創業明治五年　名物やきもち　神馬堂〕と墨《すみ》で書かれた黄色い暖簾が、なかなかによい気分である。黄地に黒字の暖簾はクラシックでありながら、見ようによってはとてもモダンなデザインで、大いに気に入った。「薄い餅の皮で小豆《あずき》の餡《あん》を包み、一文字の薄釜《うすがま》で、こんがりと両面を焼いた香《こう》ばしさ。食べ残して固くなった餅をフライパンで軽く焙《あぶ》ると、また、その香ばしさがもどってくるのだった」（『むかしの味』）。池波はこう書く。鉄板で五十個以上を焼いたものが店の奥に用意されており、客はいくつ欲しいかを言う。上賀茂神社を訪れる人は必ずここで〔焼き餅〕を買うのである。京都の三大祭りのひとつである〔あおいまつり〕にちなんだ〔あおいもち〕という名称が、この店の置かれた位置すなわちステイタスを雄弁に物語っている。

店内には古風な箪笥《たんす》や創業当時の店の写真などが飾られ、〔毎度おおきに　お休みは水曜日です〕などと書かれた木札が下がっている。巨大な臼《うす》を利用した火鉢と、真っ黒に煤《すす》けた竹の自在鍵が天井から吊るされ、〔フーテンの寅〕の写真も見える。寅さんも、この〔焼き餅〕を食べたのだ。あれは〔男はつらいよ〕シリーズの、なんという作品だったのか。

ところでこれまで〔神馬堂〕を〔じんばどう〕のつもりで書いてきたのだが、〔じんめどう〕と記している本もある。どちらが正しいのだろう。店にいて対応してくれた賢そうな女性、ご主人の奥さんであろうか、に聞けばよかった。最初に店に入ったとき、この〔神馬堂〕の由来や来歴を書いたものはありませんかと尋ねたら、そういうものは用意していないと答えられたので、ただす機会を逸してしまったのである。

手に持つと〔あおいもち〕はまだ少し温かい。早速食べてみる。店内には休む場所はなく、客は買った〔あおいもち〕を手に目の前の上賀茂神社の大きな鳥居を見ながら食すのだ。薄い皮の中に〔餡〕がちょうどいい分量で入っている。皮の薄さが〔餅〕というより高級な和菓子のようで美味しい。小豆の餡が大好きなので、いくらでも食べられそうである。〔焼き餅〕の歯ごたえも固過ぎずやわらか過ぎずで、なかなかよく出来ている。

〔あおいまつり〕は京都三大祭りの一つであるが、実際のところ京都人にとっては〔まつり〕といえば〔あおいまつり〕のことを指すという。御所を出た祭りの行列が目指すのが、目の前の上賀茂神社である。それほどのステイタスの〔あおい〕を餅の名前に付けたところに、神馬堂創業者の並々ならぬ自信のほどが伺《うかが》えそうである。

**〔おすすめメニュー〕**
焼き餅（1個）130円

# 一和【いちわ】／かざりや

（あぶり餅）

このあたりの風景は江戸時代そのものであって、あぶり餅を売る〈一和〉や〈かざりや〉の店がまえも同様に古風をまもりぬき、竹の串《くし》であぶられた小さな餅を、甘いたれにつけて食べる情趣は、たまらなくよろしい。『食卓の情景』新潮文庫380頁

【一和】
京都府京都市北区紫野今宮町69
TEL／075-492-6852
【かざりや】
京都府京都市北区紫野今宮町96
TEL／075-491-9402
営／両店とも10時〜17時
休／両店とも水曜（1日と15日、祝日と重なる時は営業。翌日が休み）

❖MAP ⑭頁

京都の北西のはずれに船岡山がある。嵐山大覚寺の近くである。かつての御所は、この真南にあったという。そのメイン・ストリート朱雀大路《すざくおおじ》は、現在の千本《せんぼん》通りに当たっている。紫式部や清少納言の時代の御所は、今よりずっと西に存在していたのである。池波の贔屓《ひいき》にしていた京都の店を訪ね歩いているうちに、以上のことがわかった。皇居すなわち江戸城は何度も火災にあっているが、所在地は変わらない。だから京都の御所も、応仁の乱などで戦火に見舞われたとはいえ、場所そのものは変わるまいと思っていたのだが、そうではないらしい。あまり学校では教えないことだ。京都の、地元の人々には常識なのだろうか。

「茶店ともおもわれぬ大きな家の造りが、芝居の舞台を見ているようで、そこに両刀をたばさんだ侍や、髷《まげ》をのせた町人が歩いていても、まったくおかしくはない風趣が〈今宮さん〉の参道にただよっていたものである。まだまだ京都には、こうした店が残っている」（『散歩のとき』

船岡山の真北に位置する〔今宮神社〕の参道で〔あぶり餅〕を商う二軒の店、〔一和〕と〔かざりや〕について池波はこう書く。洛北《らくほく》と呼ばれるこの地に位置する二軒の店は、まことに素晴らしい。

素朴な〔あぶり餅〕の味はどこか懐かしく、そしてはかなげである。そのかすかな甘さが、はかなさにつながるのであろうか、口にすると実にしみじみとしてしまうのである。「小さな餅に豆粉《まめのこ》をまぶして炭火で焙《あぶ》り、すこし焦《こげ》めのついたのへ、味噌《みそ》と砂糖（白と黒）をまぜ合せた垂れをつけて出す」（『同』）

時代劇風の大きな造りの店がまえが、ビジュアル重視の池波の心を捉える一方で、はかなげな〔むかしの味〕が、一種の郷愁をさそう。まず普通の人なら目を向けないこういう地味な味に、格別の意趣を感じる。それが池波正太郎であった。

長保三年西暦一〇〇一年（『源氏物語』が書かれた頃だ）に、その創成が求められるという由緒ある今宮神社を背にすると、東参道の左手に位置するのが〔一和〕、右手が〔かざりや〕である。池波は〔かざりや〕を贔屓にしたと書いているが、味は変わらない。池波にも、特別な理由はなかったと思われる。二軒ハシゴして味を確かめたのだから、間違いない。〔あぶり餅〕はどちらも十一本で五百円であった。ちゃんとお茶がつく。ちなみに、ここで使われる竹串は神前にお供えした斎串なのだそうである。そこら辺にある串とは違うのだ。帰りに、店の裏側に回ると、沢山の串がムシロに乗せて干してあった。

**〔おすすめメニュー〕**
あぶり餅（11本、お茶付き）500円、お土産（3人前）1500円から

# 江戸三【えどさん】

（会席料理）

小さな離れへ入り、まず酒を注文してから、障子をすべて開け放った。すこし冷えてきたけれども、秋の夜の闇にひろがるしずかな奈良公園を見ながら、飲んだり食べたりしたかったからである。

『食卓の情景』新潮文庫256頁

奈良県奈良市高畑町1167
TEL／0742-26-2662
営／11時半～14時半、17時～21時
休／不定休

❖MAP ⑬頁

行基像のある近鉄奈良駅からタクシーでワン・メーターの距離。奈良公園の〔一の鳥居〕を入った右側だ。場所の見当がつくなら、歩くのも一興だろう。今回は雨模様なので車を使った。〔江戸三〕は奈良を代表する料亭である。全室〔離れ〕という豪華版だ。もちろんトイレ完備。仲居さんはいちいち料理を運ぶので大変だが、お客には嬉しいしつらえである。ここは是非帰りに、心づけを渡すべし。だから料亭にはポチ袋は必携。

六畳ほどの、茶室風の和室は、ひじょうに心和む。池波は〔若草鍋〕というのを所望したが、我々は〔まほろば会席〕をいただく。〔菊酒〕すなわち菊の花びらを浮かべた食前酒に始まり、関西風の極めつけの料亭料理が供される。こちらは二名からしか受け付けないから、相方が必要である。また、二名以上でも野暮だろう。〔江戸三〕は、そういう店である。

白身の魚の〔お造り〕、薄っすらと焦げ目の付いた〔焼き茄子《なす》〕、〔シラス和え〕、〔鮎ソーメン〕

と続く。ここの〔鮎〕は、まるで生臭くないのが素晴らしい。しかしグズグズしていてはいけない。さっさと食すべし。

いつものことながら、ビールで口を湿らしてから日本酒をいただく。〔焼き魚〕は秋刀魚《さんま》で、関西ならではの九条葱《くじょうねぎ》が散らしてある。さらに当然であるが、以上が、しつらえに負けない素晴らしい食器で出されるのだ。たとえば染付けの模様に唐の詩人〔杜甫《とほ》〕の詩があしらわれて、という具合。〔焼き物〕の肉は、経木に挟んだ〔松坂牛〕のステーキ。一口サイズで三切れほど。

あしらいに、本物ではなく、焼いた〔蕎麦《そば》〕で出来た〔松の葉〕が出る。ちゃんと食べられる。実に芸が細かい。最後の〔御飯〕と〔香の物〕も結構で、〔お吸い物〕の実は〔スッポン〕だ。

お食事が二名分にビール、ご当地の日本酒で、その名も〔春鹿〕二本をいただき、税金サービス料共で一万四千七百円ほど。この内容であるから、驚くほどお値打ちである。

京都から近鉄奈良線に乗り、特急を使えば、僅かに三十分ほどで奈良に着く。

だから、京都を足場にした旅行でも、お昼にちょっと寄ってみようか、というのが可能だ。〔江戸三〕は、知っていると、とても得した気持になる店である。

あいにくの雨模様で、かつ次の予定が迫っていたので、ゆっくり出来なかったが、余裕のある向きには敷地の中をのんびり歩くのも、楽しいはずである。

コースターに「江戸三　ねたか丸窓　灯がおぼろ」という句が記されていた。信太郎、とあったが、どういう方か聞きそびれた。ちなみに店の名前は、初代の主人が大阪江戸堀三丁目から、当地に移ったことに由来している。

**〔おすすめメニュー〕**
まほろば会席5000円、会席料理は8800円から（サ別）。要予約

# 夫婦善哉【めおとぜんざい】

（甘味）

楽屋を出た辰巳柳太郎が、「ちょっと、つきあえよ」と、いう。どこへつき合うのかというと、法善寺横丁の〔夫婦善哉《めおとぜんざい》〕なのだ。

『散歩のとき何か食べたくなって』新潮文庫87頁

大阪府大阪市中央区難波1—2—10
MEOUTOビル
TEL／06-6211-6455
営／10時〜22時
休／無休

❖MAP ⑮頁

これを、さっと読めるのは五十代以上であろう。〔めおとぜんざい〕である。かつてミヤコ蝶々と南都雄二の〔漫才コンビ〕が司会する同名の番組があった。最初はラジオで、のちにテレビになった、関西発の名物番組。「新婚さん、いらっしゃい」みたいなのを想像すればよろしい。また、森繁久弥と淡島千景が共演した豊田四郎監督映画もある。日本映画の名作だ。森繁の若き日の主演作で、その出世作とされる。織田作之助の原作だったか。とにかく〔めおとぜんざい〕昔はつとに有名な固有名詞であった。今は、読める人も限られてしまうのだが。

もっとも関西では、まだまだ現役。その証拠に、お店は立派なビルに変容した。かつて取材した時分とは大変な違いである。人々は今も〔めおとぜんざい〕を愛しているのである。大阪千日前のビックカメラから阪神高速を挟んで北にあり、地下鉄なんば駅からすぐの法善寺横丁、ここに〔めおとぜんざい〕はある。古くからの甘いもの屋だ。近所の〔水掛け不動〕にお参りした人は必ずこの店を覗《のぞ》くことになっている。

なんといってもここでは〔善哉〕。お盆にのった二つ一組のお椀、これが〔夫婦茶碗〕、につつましく入った〔善哉〕を食べないことには始まらない。大小サイズの違う〔夫婦茶碗〕をワン・セットにして客に出そうというアイデアは、まことに素晴らしい。それを〔めおとぜんざい〕と名づけたセンスも、相当なものである。もっとも、一つしか頼まないのに二つ来たと不思議がるお客が、今も日に一人二人は必ずいるそうである。

小皿の塩辛い昆布をなめながら、甘い〔善哉〕をすする。美味しい。甘過ぎず、といって味が薄過ぎることもなく、ひじょうに程がよろしい。大人の味である。この辺りが長く愛され、大阪に〔めおとぜんざい〕ありといわれる所以《ゆえん》だろう。

酒の飲めない辰巳柳太郎が、池波と一緒にこの〔めおとぜんざい〕を食している図を想像するのは楽しい。小豆《あずき》の粒が残っているのが〔善哉〕、さらさらなのが〔汁粉《しるこ》〕。〔善哉〕が別名〔田舎汁粉〕と呼ばれるのは、小豆をそのままにせず、潰《つぶ》して食すほうが上品だと、昔の人は考えたのだろう。だが実は粒のある方が美味しいと、思う。

酒飲みだが甘いものもいける池波は、辰巳に限らず、酒の飲めない相手と甘いもの屋に付き合った話を、いくつも書いている。美味しいものなら、甘かろうと辛かろうと、池波にはどちらでもよかったのである。酒飲みが、往々にして甘いものを馬鹿にしがちなのを横目に見つつ、ものの味のわからない奴だと、池波は見下していた。もっとも、そんな素振りは露ほども見せないのが、池波正太郎、なのである。

**〔おすすめメニュー〕**
善哉 815円

# 大黒【だいこく】（和食）

大阪府大阪市中央区道頓堀2−2−7
TEL／06−6211−1101
営／11時半〜15時、17時〜20時
休／日曜、月曜、祝日
❖MAP ⑮頁

「おい、飯に行こう」と、いうので、連れ立って行くと、これがもう、毎日のように〔大黒〕なのだ。『むかしの味』新潮文庫137頁

千日前から御堂筋に沿って北上し、太陽生命難波ビルを左に曲がると、そこが〔大黒〕。小さな店だが黒光りしているような感じがあって、独特の存在感で周囲を圧倒する。

池波を毎日のようにこの〔大黒〕に誘ったのは新国劇の辰巳柳太郎。同じく島田正吾と共に、いまや鬼籍の人である。池波は長く新国劇の座付作者を務めたが後に喧嘩別れをしたと、書いている。それでも新国劇に対する思いは死ぬまで消えなかった。母に可愛がられ過ぎ、スポイルされていた時代の実弟を、一時この劇団に預けていたこともある。両者には信頼関係が存在していたのだ。それでも人間は、袂《たもと》を分かつときは分かつ。

新国劇と池波の関係が磐石《ばんじゃく》のものであった時代の、思い出のよすがとして〔大黒〕はある。十五人も入れば一杯になりそうな小さな〔大黒〕の店内で、独りで食事していると、そういう辰巳と池波の姿を思い浮かべてしまう。豆腐の入った〔赤だし〕と関西人の大好きな〔かやく御飯〕、そ

れに〔しらすおろし〕と、惣菜《そうざい》には珍しいかもしれない〔温泉卵〕を、いただく。どれもきわめて真っ当な味付けで、値段も大いにリーズナブル。〔大黒〕が実質本意の店であることが知れる。

ここ〔大黒〕と御堂筋を挟んで、かつては新歌舞伎座があり、付近には今も吉本興業の劇場がある（新歌舞伎座は二〇一〇年に上本町に移転した）。この辺は劇場街なのだ。ひょいと角から、舞台稽古《げいこ》に立ち会って腹をすかせた池波が現われても、少しも不思議はないところである。ほどよい〔赤だし〕と〔かやく御飯〕を食しながら、そんな空想に浸る。

東京の、それも繁華街にはもう見られなくなった、下町風というのだろうか、〔大黒〕は、そんな造りである。僅かに、銀座のはずれ、築地と東銀座の中間あたりに、まだ少し見られる。偶然かどうか、歌舞伎座のお膝元である。

こういう、毎日食べても飽きない〔大黒〕のような味こそ、池波が愛した一つの理想である。毎日毎晩、料亭料理ばかりを口にしていたわけではない。子供の時分に食べたものが生涯の食生活を規定するというなら、池波の味は正しく庶民の味、それを生涯にわたって愛し続けた人間であった。そしてそういう人間が、実は世の中の大半を占めている。〔大黒〕のような店が長く商売を続けられるのも、結局こういう真っ当な味を守り続けることの、強さからである。小さな間口の〔大黒〕を見ながら、思った。

珍しく〔大黒〕では、ビールも日本酒も頼まず、さっさと切り上げた。居心地が悪かったのではなく、その逆である。こういうこともあるのだ。ゆっくり飲むなら、大阪でも、まだ他にいくらも店はある。真っ当な仕事に就く人間が、毎日飽きずに通う味、それが〔大黒〕であった。

**〔おすすめメニュー〕**
かやく御飯（小）440円（中）495円（大）550円、
さわら焼き715円、生さけ焼き物715円、きんぴら440円

# 重亭【じゅうてい】（洋食）

安い。うまい。今度、十何年ぶりで重亭へ行ってみたが、その良心的なこと、もてなしのよさは、むかしと少しも変らぬ。

『散歩のとき何か食べたくなって』新潮文庫87頁

大阪府大阪市中央区難波3―1―30
TEL／06―6641―5719
営／11時半〜14時半、16時半〜19時半
休／火曜（祝日と重なる時は営業。翌日が休み）
❖MAP ⑮頁

東京で言うなら浅草のようなのが千日前だ。この地域も浅草同様、いまや忘れ去られてしまったような風情を持っている。若い人が少なく、いても、どこか野暮ったい。浅草が、そうであるように。現在ビックカメラが建っている場所に、その昔千日前デパートというのがあり、大火事を出して焼けた。多くの人命が失われたニュースは東京でも大きく扱われた。〔重亭〕は、そのビックカメラの真裏、という感じの位置にある。今も大いに繁盛している。近所にはカレーで名高い〔自由軒〕がある。織田作之助という、大阪を代表する文士が贔屓《ひいき》にし、有名にした店である。〔重亭〕という名前も、もしかしたらこの〔自由軒〕をなぞったのかもしれないが、まだ確かめていない。〔じゆうけん〕と〔じゅうてい〕だからね。

それはとにかく洋食屋〔重亭〕は、この地では大いに他を圧しており、清潔できちんとしており、背筋が伸びた感じである。扉の〔重亭〕という看板にも勢いがある。一帯はフーゾクやパチン

コ屋がひしめきあっているところ、これはかなり努力をしているのだと理解する。表から眺めている間も、チンジャラチンジャラとひっきりなしにけたたましい音が耳に飛び込んでくる。〔とんかつ〕と〔オムライス〕を頼む。〔とんかつ〕は東京下町の洋食屋の味で、これは池波は大いに喜んだろうと思った。きちんとカタチが整えられ、実に粋なのだ。浪花の〔とんかつ〕は、もっとワイルドなのかと想像していたから、いささか拍子抜け。嬉しい誤算、であった。もちろん、お味も納得。洋の東西を問わず、〔とんかつ〕はこういう真っ当な造りがよろしい。

店を見渡すと〔オムライス〕を所望する客が多いのに気づく。それも圧倒的に男性である。男は〔オムライス〕が好きなのだ。女性は知らず、男で〔オムライス〕が嫌いだというのに、会ったことがない。ケチャップで炒《いた》めた御飯に、卵焼きという組み合わせは最強なのだ。四人掛けのテーブルが四卓、八人掛けが二つ、三十人ほどの定員である。普通の洋食屋のサイズ、といってよかろうか。

昼の忙しいときだったが、大混雑、というのではなく、助かった。高くはないが、安くもない、そういうお値段である。キッチンの周りがL字型のカウンターになっており、店の人が僅《わず》かな合間を縫《ぬ》ってもたれていたりする。ラードやヘットといった動物性の脂の匂いが、洋食屋ならではの雰囲気を作っている。池波にとって、こういう気さくな洋食屋は、一軒知っておくと便利、という存在だったに違いない。独りでのんびり食事しても、知り合いとのざっくばらんな昼飯、などというときにも、好都合である。あっさり〔とんかつ〕と〔オムライス〕で、お腹をいっぱいにする。浪花の人になったような気がした。

**〔おすすめメニュー〕**
ハンバーグステーキ 1200 円、オムライス 830 円、
とんかつ 1100 円、ビーフカツ 2020 円、エビフライ 1400 円、
カキフライ 1400 円、野菜サラダ 830 円

# たこ梅【たこうめ】

（おでん）

道頓堀の東の外れにある関東煮《だき》の〔たこ梅〕は、いまや有名になりすぎてしまったけれども、だからといって、亭主の商売の仕方はむかしと少しも変らぬ。『散歩のとき何か食べたくなって』新潮文庫86頁

大阪府大阪市中央区道頓堀1―1―8
TEL／06―6211―6201
営／17時～22時50分（22時半LO）
休／無休
❖MAP ⑮頁

道頓堀《どうとんぼり》という、大阪でも一等地にあるおでん屋〔たこ梅〕は、池波も書くようにひじょうに有名な店だ。ちなみに〔関東煮〕と書いて〔かんとうだき〕と読ませる。鶏の〔かしわ〕と並んで、東京では聞かぬ言葉である。〔関東煮〕は、関西の〔おでん〕でありながら、薄味の京都のそれより、ややダシがきついのが特徴。だから関東の煮物〔かんとうだき〕なのだろう。ところで池波の美点の一つは、江戸を中心とする関東の歴史や文化に滅法強い一方で、関西のそれにも造詣《ぞうけい》が深いところ。森繁久弥が、東京の人間でありながら関西弁に巧みで「夫婦善哉」で見事な大阪弁を駆使していたのと、通じるところがある。

それはとにかく〔たこ梅〕の名物は〔さえずり〕。鯨《くじら》の舌の部分を言う。食べ物の名前には秀逸なものが多いが〔さえずり〕もその一つ。東京でも見なくはないが、一般的かどうか。〔焼鳥〕と〔鰻《うなぎ》の肝〕と〔鯨ベーコン〕を足して三で割ったような味、である。鯨もいまや大の付く貴重品だ

から、そんな鯨から僅かな量しか取れない〔さえずり〕の値段が張るのも無理はない。

〔たこ梅〕のいまひとつの名物は、二リットル入りの大きな錫《すず》製の徳利《とっくり》と、同じく錫でできた猪《ちょ》口《こ》。見事な工芸品である。頼むと、出てきた酒は〔白鹿〕。常温でいただく。〔突き出し〕は〔煮だこ〕である。猪口もしくは、ぐい飲みと呼ばれる酒器は六勺《しゃく》すなわち百ミリリットルほどが入るサイズ。普通の猪口よりは大きいが、一合徳利よりは小さい。酒飲みなら二口、というところ。この錫の酒器コンビが、〔たこ梅〕の気分を独特のものにしているのを知る。

おでんはどれも美味しそうである。みつくろいで選んでもらう。〔大根〕〔豆腐〕〔がんもどき〕〔ごぼ天〕で、二千円ほど。〔ごぼう天ぷら〕ではなく〔ごぼ天〕と詰まるのが大阪ならでは。この話、上方落語で聞いた覚えがある。〔ごぼ天〕の響きは、いかにも浪花の食い物のそれで、大阪の人間はこのように固有名詞を縮めるのが好きだ。〔上町六丁目〕を〔上六〕と呼んだりする。だから、ハリウッド・スターのブラッド・ピットを〔ブラピ〕と縮めたのは、これは絶対大阪の人であろうと思う。

〔たこ梅〕で料金を計算するのはプラスチックのコインだ。飲むほどに食べるほどに、コインがジャラジャラと目の前に積まれていく。他ではあまり見ない面白い仕掛けである。本当はお金を使っているのに、段々と貯まっていくような気になるのが凄い。さすが大阪、でんな。

ここ〔たこ梅〕は、グダグダと飲むより、おでんとお酒でさっと仕上げ、次に繰り出す前哨戦《ぜんしょうせん》のような店なのではないか、なにしろミナミと呼ばれる大阪、いや浪花随一の盛り場はすぐそこである。池波もきっと同じ思いで、この店をあとにしたのではないかと想像し、勘定をした。

**〔おすすめメニュー〕**
さえずり(鯨の舌)900円、たこ甘露煮(2串)700円、
ごぼ天250円、さといも300円、もち巾着250円、玉子150円

# 桃林堂【とうりんどう】

（和菓子）

いまは大阪に住んでいる弟が上京して来て、河内の〔桃林堂〕の〔五智《ごち》果《か》〕と、リキュール入りの十種類のゼリー菓子〔桃のしずく〕を、みやげにわが家へあらわれた。『食卓の情景』新潮文庫380頁

大阪府八尾市山本町南8－19－1
TEL／072－923－0003
営／9時～17時半
休／無休

❖MAP ⑮頁

和菓子は、まず見た目で楽しませるのが身上。その上で、名前を聞いて、その響きに空想を広げる。多くが古典や、その周辺からネーミングがなされているからである。一種の〔歌枕〕とも言える。そして初めて、口に運ぶ。口に広がる甘味から材料を思い浮かべ、口ざわりから、その作り方に、思いを馳《は》せる。和菓子のいただき方も、これで結構奥が深い。何気なく見ていたテレビの教養番組で、このようなことを学んだ。現代はスイーツ全盛時代で、パティシエという菓子職人の仕事が、いまや若い女性の人気であるという。スターと呼ばれる職人も何人かいるらしい。そういう彼女たちにとり、伝統と鍛《きた》え抜かれたワザに裏打ちされた和菓子の世界は、洋菓子とはまた違った重みを、感じさせるものという。結構なことである。

一方大阪府八尾《やお》市というのは、東京の人間には、かつて勝新太郎と田宮二郎のコンビで作られた大映の「悪名」シリーズが、まず浮かぶ。勝新の役名が〔八尾の朝吉〕親分、だったからである。

チビとのっぽのコンビが不思議なムードを感じさせ、なかなかに人気があった。さらには、「河内音頭」という、地元の人には迷惑かもしれないが、派手で下品な邦楽曲も、浮かぶ。八尾とは、ま、そういうところである。

〔桃林堂〕は、そういう土地にあるのだが、名品とされる〔五智果《ごちか》〕はそれとはまるで別の世界の、上品なお菓子である。そもそも〔桃林堂〕の和菓子の特徴は、自然に備わった味を大切にし、それを伝統と技術に生かすという点にある。銘菓〔五智果〕も、野菜と果物の砂糖漬けで、種類も十種以上ある。野趣と洗練が渾然《こんぜん》一体となったユニークな菓子と、池波は誉《ほ》めている。もう一種の佳品で、リキュール入りの〔桃のしずく〕は六種類。涼やかな透明感と独特の歯ざわりが心地よい。店の人々の立ち居振る舞いも、当然だが、池波好みの、たおやかなもの。味と、お店、店員の三拍子が揃ったのが〔桃林堂〕である。

和菓子店ならではの、茶道への傾倒も感じられ、挙動の美しさは、そこから来るものかもしれない。注文を受ける声もいたって静かであり、ひそやかに響く。わざわざ大阪の中心地である近鉄の難波駅からやって来た苦労も、報われるというものである。池波の名前を出すと、それはわざわざと、御主人がねぎらって下さった。池波愛顧の店として、地方からここを訪れるお客様が引きもきらないらしい。池波も功徳《くどく》を施したものである。

八尾市内に三つの支店があり、東京では表参道や上野に店があるという。〔五智果〕も〔桃のしずく〕も、東京で手に入るのだ。便利なことである。だが八尾の本店には、この店ならではの落着きと、安らぎがあった。

**〔おすすめメニュー〕**
五智果（1袋）450円から（9種入り）1620円、桃のしずく270円、
もなか大阪（1個）250円（10個入り）2700円

# 金谷【かなや】

（すき焼き）

〔金谷〕の階下は普通の肉屋であった。そのガラスのケースの中へならんだ牛肉の色艶《いろつや》をながめて、私たちは、「これは、いいぞ」なまつばを、のみこんだものである。『食卓の情景』新潮文庫263頁

三重県伊賀市上野農人町434
TEL／0595-21-0105
営／11時〜20時半
休／月曜（祝日と重なる時は営業。翌日が休み）
❖MAP ⑬頁

伊賀上野に〔金谷〕あり、と言われている。創業は明治三十五年。我が白洲次郎とほぼ同じ年輪を重ねている老舗《しにせ》だ。ご当地の〔伊賀牛〕を育てて百余年、〔金谷〕は全国に鳴り響く和牛料理店となった。

池波は週刊誌の企画〔日本剣客伝〕で〔上泉伊勢守《かみいずみいせのかみ》〕を受け持ち、伊勢守と縁の深い柳生家を調べるために、この地を訪れた。伊賀と甲賀の、忍者の里に挟まれて、柳生はあり、時代小説ファンなら一度は訪れてみたい土地だ。さらには〔松尾芭蕉〕生誕の地でもある。タクシーの運転手は、わざわざ回り道をして〔芭蕉〕誕生の生家に案内してくれた。俳句ファンなら、その古式蒼然とした武家屋敷に陶然とすることだろう。もっとも、〔芭蕉〕が藤堂家に仕えたのは確かだが、武士の身分であったかどうか疑問を唱える向きも、一方にある。それはとにかく、伊賀上野の誇りは〔芭蕉〕と、そしてこの〔金谷〕なのだ。

京都から奈良線で木津まで南下、関西線で東に向かう。木津から加茂という駅で一旦下車、乗り換える。そこからは単線で山深い道を辿《たど》る。笠置を過ぎると、伊賀上野に到着する。駅員も、タクシー運転手も、ホテルの人々も、親切である。訪れた人間を良い気分にさせる。〔金谷〕はどちらと尋ねると、まるで自分の親戚でもあるかのように、親身になって教えてくれた。

遠くからわざわざ忝《かたじけな》い、という感じが〔金谷〕の女将以下従業員のすべてに伺《うかが》える。古い家並みが続く、その名も〔伊賀街道〕に面した、堂々たる造りである。上品な女将さんから、お向いの店は安政の大地震にも倒れなかった、と聞かされる。すべてが、伝統と格式に彩られ、間口は、精肉店の出自を物語るように小さい。いかにも明治の名店という構えだ。だが驚くほど奥行きが深く、玄関脇の階段を上がって進むと、いくつもの部屋を通り過ぎる。それがまた小部屋ではなく、十二畳ほどの立派な広さなのだ。時を経た建物ならではの存在感と時代の重さが、ひしひしと迫ってくる。〔寿き焼〕と書くのが〔金谷〕流で、他に〔アミ焼〕〔バター焼〕〔しゃぶしゃぶ〕などが用意されている。ここは、池波が舌鼓を打った〔寿き焼〕で〔伊賀牛〕を堪能しなければ、なるまい。仲居さんの手で脂《あぶら》が引かれ、桃色をした〔霜降り〕の〔伊賀牛〕が、使い込まれた鉄鍋に並べられ、砂糖と醤油《しょうゆ》だけで焼かれる。牛の脂ならではの香りと煙が、広い部屋に満ちる。ざっと焼かれた〔伊賀牛〕を赤い殻《から》の卵に浸し、旨い旨いと、瞬く間に平らげる。後は、この土地で採れた新鮮な葱《ねぎ》や豆腐、大振りな椎茸《しいたけ》、そして玉葱の具で満ちた〔寿き焼〕の鍋になる。グツグツと〔寿き焼〕ならではの音が堪《たま》らない。ビールと日本酒を頼み、二名で一万七千円ほど。松坂で食す牛に比べ、ずっとお値打ちだが、肉の旨さは負けない。

**〔おすすめメニュー〕**
寿き焼8107円、バター焼8712円、アミ焼8712円

# 船津屋【ふなづや】（蛤料理）

私が〔船津屋〕が好きなのは、姿かたちが変ったが、旧東海道有数の宿駅として知られ、十万石の城下町でもあった桑名の情趣が、ここへ泊ると肌にせまってくるようなおもいがするからだ。

『食卓の情景』新潮文庫276頁

三重県桑名市船馬町30
TEL／0594-22-1880
営／11時〜15時、17時〜22時
休／無休

❖MAP ⑮頁

堂々たる構えの〔船津屋〕の前に立つと、桑名十万石の威容というものが、身に迫ってくる。この藩の当主・松平定敬《さだあき》は幕末期に最後まで徳川家に衷心《ちゅうしん》を誓い、戦い抜いた。すぐ上の兄は京都守護職で新撰組の実質的オーナー、会津藩主松平容保《かたもり》だ。長子は尾張藩最後の藩主徳川慶勝《よしかつ》。しばらく前まで料理旅館だった〔船津屋〕だが、現在はレストラン〔THE FUNATSUYA〕として営業している。

磨きぬかれた玄関を上がり、部屋に案内された。元は旅館だから、造りはそれらしくなっている。トイレも各室に完備。こういう部屋が全部で五室ある。あとは、宴会用の大広間。通された部屋は八畳ほどである。これに次の間とテラス・スペースが付属するので、広い。テレビの旅番組で喧伝《けんでん》している各地の名旅館を想像すればよい。ただ今夜は泊まらないだけ。

一万五千円のコースをお願いする。親指大の〔鮨《すし》〕と、ひじょうに上品な仕立ての〔おすまし〕。

〔蛤《はまぐり》〕が二個見える。それに〔うるか〕が、小体な器に入っている。〔お造り〕は烏賊《いか》、トロ、そして鯛《たい》。どれも吟味された味わいで、料亭ならではの趣がある。

しばらく飲んでいると、白い上っ張りの若い板前が、義太夫《ぎだゆう》に使う見台《けんだい》のようなものを担いで登場した。何をするの、と尋ねると、これから目の前で〔蛤〕を焼くのだという。フランス料理でいう〔フランベ〕の儀式のようなものらしい。持参したのは炭火のおこった火台であった。調理場で焼いて、すぐここまで持ってきても、もうそれだけで〔蛤〕の風味が失われるのだという。そこまでデリケートなものなのかと、目を開かれる。

細心の手つきで三個の〔蛤〕を鉄板の上で焼く。下にはちゃんとゴザが敷かれている。〔蛤〕は伊勢長島の方で採れたものという。焼き上がったのを箸《はし》で取り、口に運ぶ。うっすらと塩味が利いている。ヴェリ・レアであるが、ちゃんと火は入っている。ここのところが、わざわざ台を持ち出してまで供する理由なのだろう。火が足りなくても、また多過ぎても、駄目なのだ。凄いことである。ボストンの金持ちの家で、プライベート・ビーチの砂浜に置かれたドラム缶に放り込んだ〔蛤〕を食べたときのことを思い出す。彼我のデリカシーの違いは明らかであるが、ジャリジャリしたニュー・イングランドの浜で食す〔蛤〕も、それはそれで、〔蛤〕らしい〔蛤〕だった。

〔蛤〕の塩気を〔エビスビール〕で流し、ミントの葉を飾った〔シャーベット〕で、口中をさっぱりさせる。〔コーン・スープ〕〔鱒《ます》〕〔ポテト〕〔人参〕〔ブロッコリ〕の惣菜風が出て、〔イサキのポワレ〕と続く。最後は〔サーモンとモズクの酢の物〕、〔しぐれ蛤〕を散らした〔お茶漬け〕、〔香の物〕でしめて、お代は二万一千円ほど。

**〔おすすめメニュー〕**
コース8500円から（サ別）。要予約

# 花乃舎【はなのや】（和菓子）

桑名で、むかしから知られた〈花乃舎《はなのや》〉の〈薯蕷饅頭《じょうよまんじゅう》〉を、私は朝から三つも食べた。『食卓の情景』新潮文庫277頁

三重県桑名市南魚町88
TEL／0594-22-1320
営／8時半〜18時
休／月曜
❖MAP ⑮頁

和菓子の老舗である桑名の〈花乃舎〉は、八間通り田町交差点を、〈蛤料理〉の名店〈船津屋〉とは逆方向に、行ったところにある。所在地である南魚町辺りは、昔は鮮魚をおろす問屋で賑《にぎ》わい、それは今も〈魚の棚通り〉という通称で偲《しの》ぶことができる。〈花乃舎〉の名前は明治初年、大納言久我《こが》通富卿の命名によるもので、当主は代々茶に通じていたことで、現代の隆盛があるという。

「尾張の宮（熱田）から海上七里。伊勢湾の要港でもあった桑名の船着場には、伊勢神宮の一ノ鳥居が建ち、いまも残っている。そこの風致は護岸工事にそこなわれたけれども、桑名城の濠《ほり》をめぐるあたりの風景には、まだまだ、私のような時代小説を書くものには興趣をおぼえる何物かが匂《にお》いたっている」（『食卓の情景』）

桑名に、遠い江戸の名残りを見出していたのである。初めて桑名を訪れたのは昭和二十九年というから、随分と昔の話である。「当時の桑名は、まだ伊勢湾台風があった前のことで、揖斐川《いびがわ》に面

した〔船津屋〕のあたりに防波堤もなく、新館も完成していず、広重の〔東海道五十三次〕の中の桑名の画面を彷彿《ほうふつ》とさせる情趣が、まだ残っていたようにおもわれる」（『同』）。城下町として栄えた桑名だが、同時に米や木材の集散地としても賑わった。池波の書くように広重の〔東海道五十三次〕にも描かれ、全国区の存在となる。ちなみに、ここで触れている伊勢湾台風の発生は昭和三十四年、今（二〇二一年）から六十年も前のことだ。東海地方の人間には忘れられない惨禍であった。

しばらく八間通りを行くと、左手に薩摩藩士を祭った神社が見えた。宝暦年間幕府の命により、桑名とは縁もゆかりもない遠国薩摩藩が、尊い血と、四十万両の大金を犠牲にした治水工事に、桑名の人々が感謝して創建したものである。幕府による一種の薩摩いじめ、である。この工事により、沿岸三百数十箇所が、水難の害を逃れられるようになった。わざわざ九州の果てから、この地に赴いて血と汗で築いた薩摩藩堤防である。地元の人々が大いに感じたであろうことは想像に難くない。今に残る数々のドラマがあったという。時代小説にも度々取り上げられ、工事に際して薩摩藩の家老のいくたりかが切腹して果てたという話を、池波も書いている。

それはとにかく、池波が三つも食べたという〔花乃舎〕の〔薯蕷饅頭《じょうよまんじゅう》〕は、土地柄であろうか、上品な味だった。白小豆を使った紅粒餡《あん》が、ふっくらとした皮とマッチして、池波ならずとも三つくらいは食べられそうである。外側もモダンでガラス張りの美しい店構えの〔花乃舎〕だが、店内も高級な和菓子店ならではの落ち着きと品格があり、まことに結構である。いかにも池波好み。若い店員の対応も申し分なかった。



**〔おすすめメニュー〕**
薯蕷饅頭（1個）248円

# 大黒屋【だいこくや】

（鯉料理）

三重県桑名市多度町柚井1799
TEL／0594‐48‐2018
営／11時半～21時（入店18時まで）
休／木曜
❖MAP ⑮頁

私もずいぶん、鯉《こい》を食べてきたが、これほどに多彩な料理ができようとはおもってもいなかった。おそらく、この〔大黒屋〕にしてはじめて出来得る〔芸〕なのではあるまいか。『食卓の情景』新潮文庫280頁

実は浅草に、天ぷらの店で同じ名前のがあり、池波はここで、奥さんと着替えなどの受け渡しをしていたという。それはとにかく、こちらは三重県の多度《たど》である。名古屋から、桑名を経て赴く。その名も養老鉄道。滝がお酒になる、あの養老の滝にちなんだ路線である。

「伊勢の国の多度神社は、揖斐川をさかのぼって桑名の北方三里たらずのところにある。本宮は天津彦根命《あまつひこねのみこと》だそうで、この方は天照大神《あまてらすおおみかみ》の〔お子さん〕だという。こうした関係で伊勢神宮とならび、北伊勢の大神宮として古くから世の尊崇をうけ、東京ではあまり知られていないが、関西から東海にかけて、この神社の名は高い」（『食卓の情景』）

こう池波が書く通り、多度神社の名は東海ではポピュラーである。〔大黒屋〕はこの多度神社の近くだという。多度駅からバスで行く。バスを降り、神社門前の茶店で求めた、池波絶賛の〔八壺《やつぼ》豆〕の素晴らしいパッケージに心奪われていると〔大黒屋〕に着く。

素晴らしい造りである。二階建てで紙障子に黒々と〔鯉料理　大黒屋〕と記されている。

「門前町の〔大黒屋〕は、創業以来二百五十年を経ているというから、八代将軍・吉宗《よしむね》のころ、享《きょう》保《ほう》年間からつづいた料理屋である。瓦《かわら》屋根に連子窓《れんじまど》に、戸障子。白壁の塀《へい》。奥深い庭の池は清冽《せいれつ》な湧水《わきみず》で、これに見事な鯉が群れをなして遊弋《ゆうよく》していた」（『同』）

目を左に転じると、そこは幽玄かつ情趣溢《あふ》れる日本庭園の連なり。池と木立の作り出すみやびの世界であった。

岐阜羽島の酒〔千代菊〕を傾けながら、名代の鯉料理を賞味する。〔鯉〕の皮を薄くそいだものを、春雨と共に酢の物にしたのが〔前菜〕。日本酒にあう。続いてアバラ肉を叩いて団子にし、揚げたもの。餅米《もちごめ》の皮で包んだ〔麸《ふ》饅頭〕それに〔鯉の肝の煮付け〕。これが〔突き出し〕である。そして白味噌仕立ての〔鯉こく〕と来る。池波はこれを、ぬるいと批判したが、〔鯉こく〕とはそもそも〔汁〕に浸した〔鯉〕を食するものであり、〔汁〕はソースと考えるなら、これでもいいのではないかと、筆者は珍しく別の意見を持った。山椒《さんしょう》が利いている。さらに、わさび醤油で食べる〔あらい〕。〔塩焼き〕は〔蓼酢《たです》〕でいただく。〔煮付け〕には竹の子と細切り生姜が付き、〔生麸〕が美味しい。〔赤身〕でも〔白身〕でもない、〔ロゼの身〕の魚を食べているような塩梅《あんばい》である。清怜にしてかつ濃厚。だから充実感がある。もうこれ以上の〔鯉〕は食べられないだろうと思いつつ、箸を置く。最後に御飯と汁、フルーツで無事終了。

これで、日本酒二本税金サービス料込み六千六百円であった。世の中には、まだまだ、お値打ちという言葉が通用する世界がある。

**〔おすすめメニュー〕**
コース5000円・6000円

# 鯛めし楼【たいめしろう】

（鯛料理）

愛知県名古屋市中区錦2−18−32
TEL／052−211−6355
営／11時〜13時半、17時〜21時
休／日曜、祝日
❖MAP ⑯頁

名古屋には〔たい家《や》〕と〔鯛めし楼〕の二軒が、古くから鯛料理専門の店で、この二軒は向かい合っている。
『散歩のとき何か食べたくなって』新潮文庫204頁

いままでで最高の〔鯛《たい》のかぶと煮〕を食べたのが、ここ〔鯛めし楼〕。名古屋のビジネス街〔錦《にしき》〕の中心にある。〔鯛〕のさらっとした味を、どこまで損なわずに、醤油《しょうゆ》と味醂《みりん》で煮込むか。これが〔かぶと煮〕の眼目だ。魚の頭の部分を煮込む料理は他にもあるが、〔鯛〕のそれが一番であると、される。決して難しい料理ではなく、家庭でも一応それらしくは出来る。しかし料理屋で出すものとは、どこか違う。その料理屋でも、バラつきがある。で、これまで色々な店で食べたが、死ぬほど旨《うま》い〔かぶと煮〕には出会わなかった。ここ〔鯛めし楼〕のお客は、皆さん〔鯛めし〕を召し上がっている。店の一番の売物だから当然である。だが同じ〔鯛〕でも、〔かぶと煮〕を頼む客はいないらしい。昼間だしね。だから、そう簡単には出てこない。静かに〔キリンのラガー〕を飲みながら待つ。白身の魚の王者である〔鯛〕は、近頃は赤身の魚の帝王〔鮪《まぐろ》〕に押され気味である。おそらくは骨が、王者〔鯛〕の弱点であろう。子どもは正直だから、食べにくい〔鯛〕をつい敬遠してしまう。だが歴史的に見て、〔鮪〕と〔鯛〕には、野武士と歌舞伎役者ほども隔たりがある。日本人なら〔鯛〕である。第一、〔鯛焼き〕はあるが〔鮪焼き〕はないではないか、などということを考えていると、〔かぶと煮〕が登場してきた。

ほど良いサイズの、二十センチくらいの、上品な〔鯛〕である。あまり大きいのも関取の優勝祝いみたいだし、小さいのは宴会土産の折詰めを思い出してしまう。ビールでうがいして、おもむろに箸《はし》で一切れつまみ、口に運ぶ。煮込んであるが固くなく、かといって頼りないほど柔らかくもない。美味しい。白い身は磯の香りがした。そのまま顔を上げずに、ただひたすら〔鯛〕の肌をまさぐり、噛《か》み、咀嚼《そしゃく》する。醬油と味醂でベタつく口中をビールで洗浄し、再び箸を取る。ほとんど外科手術である。旨い旨いと口には出さないが、頭の中で唱えながら、一心不乱に〔鯛〕に挑む。〔鯛〕の頭部の固い骨の裏にある肉をこそぎ落とし、喉《のど》の横に並ぶ身をほじくり、懸命に食べ続け、目を上げると、周囲の客はあらかた姿を消していた。再びビールを飲み、今度は台形の〔かぶと煮〕の底辺をまさぐる。食べ尽くす、というただそれのみが脳裏に命題としてあって、これはほとんど〔かぶと煮〕との格闘であった。下品にいうなら交接である。台形の底辺部分は醬油と味醂の混合物でタップリ滴《したた》っており、実に美味しい。引き締まった身は歯ごたえ充分である。こんなに真剣に魚を食べたことは過去になかったなと思いながら、せっせと口に運ぶ。〔鯛のかぶと煮〕は、そんなに量のあるものではない。食べでがある、というなら他にもっとありそうだ。それでも真面目に立ち向かうと三十分ほどもかかってしまった。当分〔かぶと煮〕は要らない。その後〔鯛めし〕も食べたが、記憶にない。

**〔おすすめメニュー〕**
鯛めし 3300 円、鯛のかぶと煮 4840 円

# 百老亭【ひゃくろうてい】

（中華）

閉店

愛知県名古屋市中区大須2－13－13

❖MAP ⑯頁

野菜炒め、焼きそば、スープの三品も、一見《いっけん》、家庭の惣菜《そうざい》のような手軽さなのだが、そう見えても実は、ちがう。三十年にわたっての、この店の工夫と洗練が秘められてい、一度食べたら、もう忘れることができぬ。『散歩のとき何か食べたくなって』新潮文庫198頁

大須《おおず》という、名古屋の人間でも忘れ去ってしまったような町の名が全国に鳴り響いたのは、今は亡き名人・古今亭志ん朝が、大須演芸場というところで独演会を何夜も、そして何年も続けて行なったことによる。

どういうきっかけだったか定かではないのだが、志ん朝師はここで大作をいくつもいくつも演じ、全国から駆けつけた落語ファンを沸《わ》かせた。それにより、大須という地名は人々の脳裏に刻み付けられたのである。志ん朝師はその数年後、あっけなく死んでしまう。享年六十三。早過ぎる死であった。ちなみに志ん朝は、かつてテレビの「鬼平」で木村忠吾を演じ好評だった。

大須は池波が生き別れになった父親と再会したところである。この大須に〔百老亭〕がある。「二十年前の、そのころ、名古屋に滞在中は、この店へ三日に一度、『行かなくては気がすまない……』ほどだった」（『散歩のとき』）。池波には珍しく、大層な入れ込みようである。町それ自体も、

いまよりもっともっと活況を呈していたのだろう。しかし〔百老亭〕、そういってはなんだが、何の変哲もない、ただの中華料理店である。ラーメン屋と呼ぶ人もいるだろう。だが、早まってはいけない。ここは池波の書く通り、何を食べても美味しい店なのだ。

お勧めどおり〔野菜炒め〕〔やきそば〕〔スープ〕をいただく。どれも美味しい。池波が誉《ほ》めるように、長年にわたってこの味を守り通してきたという自信に溢《あふ》れている。〔百老亭〕が登場するのは『散歩のとき何か食べたくなって』で、昭和五十二年発行というから今から四十年以上前のことである。面白いのは、四年後の文庫版のあとがきで、「時代が変れば人の心も変る。人の心が変れば、店の経営も味も変ってゆく。これは仕方もないことなのだ」と諦観《ていかん》していることで、わずか四年でも、池波ご贔屓《ひいき》の店や人や味が変わっていることを記している。そうなるとこの本など、いったいどういうスタンスになるのだろうと考え込んでしまうのだが、実際は池波が案じるほどは、人の気も味も、そうそう変化しないものであることが、今回の再取材でわかった。もちろん大きく変わったものも、少なくはない。閉店したり、経営者が変わったり、色々あるのを知った。

だが、大須の町で、古びたたたずまいの〔百老亭〕の、昔ながらの中華を食べていると、三十年前、いや五十年前にタイム・スリップしてしまいそうである。日本人が中華料理に求めているものを、素直に出している。それが〔百老亭〕なのだ。

（〔百老亭〕は二〇一八年九月に閉店したが、建物や当時のカウンターを引き継いで先代の息子さんが〔Ｂａｒ100〕というお店を営業している。また、のれん分けする形で名古屋市今池に今も〔百老亭〕の名が残る。こちらも餃子の名店として知られる）

# 宮鍵【みやかぎ】

（鳥料理）

愛知県名古屋市中村区名駅南1―2―13
TEL／052―541―0760
営／11時半～14時半（14時LO）、17時～21時40分（21時LO）
休／土曜、第4水曜
❖MAP ⑯頁

むかしは、いまのようにメニューも多彩ではなく、二階の入れ込みの衝立《ついたて》で仕切った一角へすわり込み、鳥のすきやき、白煮《しらたき》で酒をのんだあと、鰻丼《うなどん》の一つぐらいは軽く腹へおさめてしまったものである。

『散歩のとき何か食べたくなって』新潮文庫201頁

由緒ある料理屋のたたずまいを見せる〔宮鍵〕は細長い店だ。二人がけのテーブルが壁に沿って四卓、入れ込みの座敷に四人用のが五卓あり、客はのんびり酒を飲んでいる。二階三階もあり、夕方のこの時間は上の階を目指す客がひっきりなしである。階上の座敷は宴会場になっているらしい。名古屋のビジネス街の中心近くだから、上がっていくのはサラリーマンやOLばかり。便利な場所なので、今夜の会場は〔宮鍵〕と言うと、一発で伝わるのだろう。ここはそういう店である。〔焼鳥〕と〔ビール〕を頼み、あとはメニューを見ながら、ということにする。〔焼鳥〕は〔テリ〕ですか〔塩〕ですかと尋ねられる。東京なら〔タレ〕だが、この地では〔テリ〕と呼ぶらしい。折角だから〔テリ〕にした。ちなみに〔ヤキトリ〕ではなく〔ヤキドリ〕と濁《にご》る。これも面白い。
出てきたのはたっぷりとした〔ヤキドリ〕三串で、さすがに〔名古屋コーチン〕の本場だと感心する。しかし残念ながら〔テリ〕の醤油が、ちとクドイ。〔たまり醤油〕だからである。少年時代を名古屋で過ごし、味覚は名古屋人のそれと同じ、と自負していたが、やはり東京の舌に変化してしまっている。これは進化だろうか、それとも劣化か。それはとにかく、〔たまり醤油〕自体は嫌いではないのだが、〔ヤキドリ〕にはちょっと声が大き過ぎるようだ。〔刺身〕にならいいのにね。

しからばと、今度は〔皮焼き〕を〔塩〕でやってみることにする。これは正解。〔焼鳥〕は〔皮〕に限ると常々思っているのだが、ここのは格別美味しかった。ビールから日本酒に変える。〔白鹿〕が吟醸で一合五百六十円。ついでに〔かしわ刺〕を注文する。〔かしわ〕は東京では使わない言葉だが、中部以西では〔鶏《とり》〕を表わす言葉として、つとに流布している。なぜ東京では〔かしわ〕と言わないのか。文化論のテーマとしては面白いのではないか。コクのある〔白鹿〕と〔かしわ刺〕はマッチングがよろしい。刺身の内容は〔ささみ〕と〔ハツ〕。〔ハツ〕とはハートつまり鶏の心臓である。赤い色をしている。トリ刺も、ささみなら東京でも普通に食べられるが、〔ハツ刺〕は珍しいのではないか。『羊たちの沈黙』のハンニバル・レクター教授を思い出す。あちらは、人間の心臓だが。

ビジネス街にあり、その歴史と味で長く親しまれている店だから、一部上場企業の部長、と言った感じの初老の紳士が、悠々と独りで盃《さかずき》を傾けていたりする。名古屋は単身赴任のメッカである。いわゆる〔なごチョン〕も、客の中には多いのだろう。しっかり時代の着いた店内を見渡しつつ、〔白鹿〕と〔鳥料理〕で大いに満足している。池波推薦の〔鳥のすき焼き〕や〔鰻丼〕は、もう入らなかった。

**〔おすすめメニュー〕**
焼鳥 580 円、皮焼き 580 円、ひつまぶし 3800 円

# 大甚【だいじん】

（和食）

愛知県名古屋市中区栄1-5-6
TEL／052-231-1909
営／16時～21時（土曜～20時）
休／日曜、祝日
❖MAP ⑯頁

〔大甚《だいじん》〕は、いま、あまりにも有名になってしまったようだが、檜《ひのき》の厚い一枚板の卓へ、酢ダコだのモロコだの、野菜の煮物だの穴子だの、すきなものを一皿ずつもらって、おもうさまのむたのしさも忘れがたい。『散歩のとき何か食べたくなって』新潮文庫200頁

新国劇の名古屋公演は御園座と決まっており、だから御園座に近い〔大甚〕へ、池波はせっせと通った。〔大甚〕は酒飲みが夢見る理想の居酒屋、である。

まず営業時間が四時から九時、というのがいい。ことに冬の四時はもうそろそろ暗く、人恋しくなる時間である。そういう早い時間に開いているのは、酒飲みにとって嬉しいことだと、店は知っているのだ。

いかにも居酒屋然とした構えの正面から戸をくぐり、中へ入る。開店早々だというのに、すでに半分近くの席が埋まっている。定員は、どのくらいなのか。全部で七十人はいけそうである。表からはわからぬが〔大甚〕は奥が深いのだ。最近では珍しくなった大きな柱時計、すなわちアナログの大時計が見え、古い学校の講堂のような柱が目立つ。

決して寒いわけではないのに、なぜか客の大半はコートを着たままである。訪れたのは二月半ば

で、まだまだ寒いが店内には暖房がある。それなのに男たちはコート、ここでは外套《がいとう》という表現が相応《ふさわ》しい、を着たまま。まるで終戦後の混乱期に連れ戻されたような感じである。もっとも、写真で見て知っているだけだが。老人、と言ってよいような年恰好の客が多い。それも、男ばかり。女性はほとんどいない。店のおばちゃんくらいである。こんなに男ばかりの店は昨今珍しいのではないか。立飲み屋の店先だって、いまどきは若い女性が混じっている。

とりあえず〔ビール〕。大瓶である。安い。そしてすべてがこの調子。〔酒〕や〔ビール〕を提供するカウンターの延長にテーブルがあって、ありとあらゆる酒の肴《さかな》が並んでいる。煮魚、焼き魚、刺身、野菜の煮たの、おから、貝類、冷奴、肉類、などなど。ズラリと並んだ〔ツマミ〕は、壮観である。値段も二百七十円から、せいぜい六百円止まり。酒飲みの夢見る理想の居酒屋、と書くのはオーバーではないと、わかるだろう。

これをそのまま池波の時代劇の場面に持っていくのは無理だとしても、男たちが黙々と酒を飲み、肴をつまんでいる様子は、〔鬼平〕や〔剣客商売〕の、様々なエピソードに見出せそうである。テーブルに相席で座り、様々な格好で酒を前にしている男たちの表情は、それぞれに個々の人生を伺《うかが》わせるものであり、見ていて尽きない。池波はむかしの人間だから、じろじろと見るような剣呑《けんのん》なことはしなかったろうが、小説家としてはまことに得がたい店であり、客たちだったはずである。いわゆる学生相手の居酒屋チェーンには、コンパなどで赴くこともあるが、そういう店の、開け放ったような雰囲気とはまったく別物である。内にこもっている、というべきか。しかし年齢を重ねると、そういう場に身を置くことの心地よさが、わかってくるのである。



**〔おすすめメニュー〕**

おから等小皿のものは270円から、まぐろ・かつおの刺身は850円から、ビール(大)660円、酒(大徳利)780円

# 招福楼【しょうふくろう】

（会席料理）

滋賀県東近江市八日市本町8−11
TEL／0748−22−0003
営／（招福楼）12時〜15時、16時〜22時
（吉祥軒）12時〜15時、18時〜22時
休／第1・第3・第5月曜
MAP ⑯頁

招福楼の主人の、仕事に打ち込む情熱と、謙虚さと、誠実にはいつも心を打たれる。ここの料理を食べるたびに、私は、自分の小説へ一つのちからが加わったようなおもいがする。

『散歩のとき何か食べたくなって』新潮文庫127頁

「下り列車が関ヶ原盆地をすぎ、近江の野がひらけてくると、胸の中でシャボン玉が舞い上ってゆくようにうれしくなってしまう」。こう書くのは司馬遼太郎である。『街道をゆく「近江の人」』。

一方、池波正太郎は、「(近江へ移住しようか……)と、考えたこともある」(『散歩のとき』)。どちらも〔近江〕への熱い想いを抱いていたことがわかる。日本を代表する二人の作家に、こうまで愛される〔近江〕とは、いったいどういう土地なのか。因みに二人は共に大正十二年（一九二三）の生まれ。日本一の料亭、と評されることもある滋賀県八日市の〔招福楼〕に向かう近江鉄道の電車の中から外を見ながら、これを思った。

八日市駅のほとんど向かい側に位置する〔招福楼〕に一歩足を踏み入れた時、なんとなくこの池波の想いが納得できたような気がした。京都の堂上《どうじょう》公卿《くげ》の屋敷を思わせる存在感のある、しかし無用な威圧感のない構え。玉砂利を踏んでザクザクと中へ進む時の独特の清新な空気感。奥に控え

る門跡寺院の玄関のような堂々たるこしらえ。同時に雅《みやび》なたたずまいを見せる玄関。こういう気分にさせられるのは東京では上野寛永寺の入口くらいしか思い当たらぬ。

池波はこの〔招福楼〕を訪れたのだが、筆者は一人の訪問のため、付属の〔吉祥軒《きっしょうけん》〕で料理をいただく。七席ほどの〔吉祥軒〕は主人中村成美氏自らが設計のアイデアと施工の工夫を考案したという。それはそれは実にもう行き届いた店であった。今風に言うならオーナーシェフとなる主人は店の故事や自らの来歴を語りながら、相手をしてくれる。酒は〔七本槍《しちほんやり》〕。池波が聞いたら相好を崩しそうな名ではないか。「賤ヶ岳《しずがたけ》の七本槍」で名高い古戦場は、この近くなのだ。〔鯛《たい》と烏賊《いか》のお造り〕をいただきながら、透明な切子の酒呑から盃に注ぐ。チェコの名品〔スワロフスキ〕である。つまり、こういう取り合わせが主人のセンスなのだ。

聞けば家を継ぐ前は禅寺で九年間僧侶の修業をしたという。しかし今日では見事に由緒ある老舗の料亭の真っ当な料理人としての矜持《きょうじ》を見せ、好ましい。〔名残の菰《こも》豆腐〕という、わざわざスを作ってスポンジ状にした名品や、世にも珍しい〔紅いコンニャク〕、〔子持ち鮎《あゆ》の柚庵《ゆうあん》づけ〕などが供される。酒は次に〔明尽《みょうじん》〕、そして〔松の司《つかさ》〕と替る。締めは〔菊の雑炊〕。

「職人になるな、文化人になれ」

先師から、そう言われたそうである。解釈するなら、店のしつらえから器、料理に至るまで客と相対峙して存分に心を通わせられる気持の余裕を持て、ということだろう。代々受け継がれた招福楼という文化遺産を守り、継続させること。これを自らの使命として精進していく決意の表われだ。

料理七品と三種の日本酒で一万円ほど。大いに満足した。

**〔おすすめメニュー〕**
(招福楼)2名より。1人前2万4200円(サ別)から。
(吉祥軒)1人前(昼)3300円・5500円、(夜)5500円から。
ともに要予約

# 蕪水亭【ぶすいてい】

（会席料理）

岐阜県飛騨市古川町向町3−8−1
TEL／0577−73−2531
営／（食事）11時半〜14時、18時〜21時
（宿泊）チェックイン15時から
休／不定休
MAP ⑮頁

三代にわたって、蕪水亭のあるじは、みずから庖丁を把《と》っているだけあって、この旅館の料理はうまい。「（略）古川という町は別に観光のための何物もないところですから、せめて田舎の、残された味を味わっていただきたいとおもうのです」と、現当主は語った。

『よい匂いのする一夜』講談社文庫77頁

〔蕪水亭〕の名は、建物の前を流れる荒城《あらき》川で赤蕪《あかかぶ》を洗ったことから来ている。赤蕪はこの地の特産で、長い冬を越えるための貯蔵品として漬《つ》けられる。

「驚くほどたくさんの赤蕪を漬けるんですよ」

女将がエレガントに笑いながら教えてくれた。

〔蕪水亭〕は日に三組に限って客を泊める。高山の北、飛騨《ひだ》古川にあり、富山寄りの古い町である。京都から来た参議・姉小路家綱《あねがこうじいえつな》が国司《こくし》として赴任し、飛騨における居所として定めたのが、ここ古川の地だった。今では知名度として圧倒する飛騨高山ではなく、ここ古川が当初姉小路卿《きょう》の根拠地であった。

池波正太郎は度々この地を訪れ、蕪水亭で大いに羽根をのばした。三枚の色紙が残されている。歌舞伎の〔勧進帖〕における弁慶の後ろ姿と〔六月火雲　飛白雪〕と書かれたもの、それともう一

枚である。各地に遊んだ池波は、取材も兼ねてであろうが、行く先々でこういうものを残した。

古川では市内で酒が造られている。〔白真弓《しらまゆみ》〕と〔蓬莱《ほうらい》〕である。二つの銘柄だ。当然食事の際には、それがオーダーできる。町の造り酒屋の酒が、そのまま食事の場で賞味できるというのも地方の町ならでは。早速どちらもいただいたが、常温で呑む二つの日本酒はどちらもクセがなく、キレがよく、すいっと入るのが特徴であった。高雅な味わいは、この古川という由緒ある土地の性向をそのまま表わしているように思えた。

夕餉《ゆうげ》のメニューは次の通り。

食前酒〔葛《くず》の花酒〕　向付《むこうづけ》〔柿なます〕　千代久〔くわ豆腐〕　坪〔もとぶと茸白酢〕
皿〔紅ずわいがに〕　前菜〔まこもたけ〕〔たいこのばち茸〕〔金時草〕〔松茸〕〔つるむらさき〕
吸い物〔松茸・甘鯛〕　お造り〔天然鰤《ぶり》・甘海老・鮪《まぐろ》〕　焼き物〔飛騨牛石焼《いしやき》〕
ご飯〔きのこごはん〕〔香の物・汁〕　水の物〔メナモミ入りチーズケーキ〕

中で〔柿なます〕は柿の皮をむき、四角に整えて中をくり抜き、ゼリー状のものが詰めてある。お造りでは〔甘海老〕が抜群で、ここが日本海から遠くないことを思い知らせてくれた。

窓から暮れなずむ荒城川と、その奥に残る古い民家の土塀を見ていると、遠い昔に引き戻されるようだ。駅からの途中見た古川の町も、高山より古いその歴史を感じさせるものだった。一方で、しっかり今日の暮らしと結びついた、生活しやすそうな土地であることもわかった。

朝食は各品あるうち、〔朴葉《ほおば》味噌〕が絶品。寒い夜に炬燵《こたつ》にあたり、炭火であぶりながら一杯やったら、さぞ盃《さかずき》が進むに違いない。

**〔おすすめメニュー〕**
(昼)ミニ会席 3300 円
(昼・夜)会席料理 5500 円から、薬草会席料理 5500 円から。
要予約

# 恵比寿本店【えびすほんてん】

（蕎麦）

岐阜県高山市上二之町46
TEL／0577-32-0209
営／10時〜17時半
休／火曜
MAP ⑮頁

私は、同行の二人を上二之町の蕎麦屋〔恵比寿《えびす》〕へ連れて行った。この店は古い。入れ込みに客が押しかけている。蕎麦がうまいからだ。

『よい匂いのする一夜』講談社文庫80頁

洒落れた造りのJR高山駅から、タクシーで町の中心へ向かう。歴史的な香気を持つ町である。だが世に知られた神社仏閣があるわけではないし、訪れることも決して安易ではない。そんな飛騨の山中の町に、日本中から人々が押し寄せるのは、高雅な歴史と、その気分に触れたいからだろう。高山は〔小京都〕と呼ばれることが多い。日本各地に小京都と呼ばれる町は少なくないが、ここは最も清く高く保たれた小京都である。実際、市内を流れる宮川の川べりに料理屋がズラリと並ぶ一角など、一瞬鴨川のそれを思わせるほどである。

蕎麦屋の〔恵比寿〕がある上二之町《かみにの》というのは、高山でもっとに京都らしい町並みを持つ一角、きりっとした店構えを誇る。市内にいくつも蕎麦屋のある中、池波正太郎はここを特に気に入り、何度も足を運んだ。それはなぜだったろう。

創業明治三十一年という古い歴史を持つ〔恵比寿〕は、土地の人にも観光客にも大いに愛され、人気が高い、とある。入口は広くないが、京都の町家のそれと同じように奥が深く、手前の二十六席ほどの椅子席の先に、二十人ほど座れる小上がりがある。おそらくこちらで池波は連れと卓を囲み、盃を重ね、蕎麦をたぐったのだろう。

「先ず、たっぷりと皿に盛られた山菜の漬物でビールと酒をのむうちに、やや太打《ふとう》ちの蕎麦が運ばれてくる」(『よい匂いのする一夜』)

飛騨高山は室町時代、京の公卿《くげ》・姉小路卿が国司としてこの地に赴任し、京文化を持ち込んだ、とされる。しかし実際は、その後に高山を治めた金森長近が、ここを京都にかたどってつくろう、と決めたことによる。長近は豊臣秀吉の家来であった。近くの天神山《てんじん》に高山城をきずく一方で、市街地の整備にも心を砕いた。だから今でも土地の人は金森長近に独特の畏敬と愛着の念を持っている。タクシーに乗った際も、高山の歴史を話題にすると、当たり前のように金森長近の名を出した。連れと一杯やりながら池波も、おそらくこういう話題で盛り上がったことだろう。

〔天ざる〕をいただく。千八百八十円。蕎麦も、カリッと揚がった天ぷらも申し分なく、ビールに合う。太目の蕎麦も、いかにも池波好みの過不足のない仕上がりである。

標高の高い割に高山では米もそれなりに取れ、車中からいくつもの水田が垣間見えた。本来蕎麦は米作に向かない寒冷地の作物とされたが、決して米が取れないわけではないのだと、土地の人に聞いた。それでもやはり、奥飛騨の名物といえば蕎麦であり、それを供する店として池波が愛したのが、この〔恵比寿〕という蕎麦屋だったのである。飛騨の長い歴史と伝統を感じさせる味わいと喉《のど》ごしは、大いに満足させられるものだった。

**〔おすすめメニュー〕**
ざるそば980円、天ざるそば1880円、天ぷらそば1500円、とろろ入りなめこそば1380円、そばの実ぷりん400円

# 刀屋【かたなや】

（蕎麦）

長野県上田市中央2‐13‐23
TEL／0268‐22‐2948
営／11時〜16時半（蕎麦がなくなり次第終了）
休／日曜
❖MAP ⑪頁

東京では口にすることのできぬ、本物の手打ちだ。私は先ず、その蕎麦切りの手練《しゅれん》のほどにびっくりした。
『散歩のとき何か食べたくなって』新潮文庫168頁

信州上田は池波にとって思い入れの強い土地である。『真田太平記』など多くの作品の舞台になっており、後に『真田騒動』と改題された『恩田木工』は、最初の直木賞候補になった。その後も何度か候補になりながら果たせなかった池波が、結局六度目の候補『錯乱』で見事直木賞を獲得するのは昭和三十五年のことである。そしてこれも、江戸時代に起きた真田家の異変を扱ったものだった。池波にも、そのファンにとっても、上田は、だから忘れられない土地で、是非訪れなければならないところである。ちなみに週刊朝日に連載された『真田太平記』は、なんと八年以上のロング・ランとなった。

で、〈刀屋〉である。上田駅から真っ直ぐ伸びている坂道を直角に折れ、しばらく歩いていると、同じようにここを目指しているご婦人の一団と行き会った。上越新幹線が出来たおかげで東京から一時間で来れるし、その始発は上野駅ではなく東京駅であるということで、この地を訪れる人が飛躍的に増大した。そして、上田といえば〔刀屋〕だろう、ということになったからである。

道端の、少しくぼんだ感じの場所に〔刀屋〕はあり、よしずが立て掛けてある。蕎麦屋というより、深川辺りの料理屋のようだ。店の前には待つ人が座るための場所がある。着いたのは店が一番混みそうな時分であったが、運よく座ることができた。満席である。入れば、普通の蕎麦屋であるが、日本中から蕎麦好きが、この上田の名店を目指してやって来るという。凄いことである。

「家族総出の、あたたかいもてなしには、どの客も満足してしまうだろう」(『むかしの味』)。池波はこう書く。どこにも偉ぶったところがない。テーブル席と入れ込みがあり、昔ながらの蕎麦屋である。日本酒と〔もり〕をお願いする。いたって良心的なお値段で、日本一かもしれない店なのにと、嬉しくなる。「ことに、娘さんの高桑房美《ふさみ》さんの、ほがらかな、テキパキとした客あしらいは、食べる物を、さらに旨《うま》くさせてくれる」と池波が『むかしの味』に書いたのは、訪れたときから二十年ほど前のことだから、何人かの従業員の何方がそうかは、わからない。

出てきた〔もり〕は、並を頼んだのであるが、これまでの〔もり蕎麦〕の概念を遥かに超えていた。「他の店でやらないようなことをしてみたかったのですが、お客さんが、果して、これだけの量の蕎麦を食べきれるか……という、興味もありましてなあ」。御主人は池波にこう言ったそうである。確かに、通常の三倍はある。味は清冽《せいれつ》という表現がぴったり。大根おろしと葱、そして山葵《わさび》が小皿に載っている。〔つゆ〕は東京の〔藪《やぶ》〕系の濃い味に慣れた人には、物足りないかもしれない。だが、量が量だから、〔つゆ〕が濃過ぎないことで、最後まで美味しくいただけるということになる。よく考えられているのだ。蕎麦だけでお腹が一杯になった。何年ぶりだろう。

**〔おすすめメニュー〕**
真田そば(小)1000円 (中)1050円 (並)1100円 (大)1300円

# べんがる

（カレー）

上田には、うまいカレー・ライスを食べさせる〔ベンガル〕という店や（略）。『散歩のとき何か食べたくなって』新潮文庫170頁

長野県上田市中央2−4−9
TEL／0268−22−1036
営／11時半〜14時、17時〜20時
休／月曜夜、火曜
❖MAP ⑪頁

　入ると左側にカウンターがあり、右手と奥はテーブル席になっている。上田駅から中央二丁目の交差点を超え、少し先を右に入ったところにあるカレー屋〔べんがる〕である。開店は昭和三十九年。東京オリンピックの年だ。以来上田のカレー専門店として、その味を守り通してきた。

早速〔べんがるカリー〕をいただく。まず登場するのが熱い〔ポタージュスープ〕。真ん中にオーバーのボタンほどのサイズの〔クルトン〕が浮かんでいる。熱い熱い〔ポタージュスープ〕を、ゆっくりと口に運ぶ。美味しい。〔食前酒にキールを〕という張り紙が目に付く。カレーにはどういう酒が合うのかと長年考えあぐねていたので、思わず尋ねてしまった。カレーと〔キール〕って、合うんですか。ところで〔キール〕とは、ワインに〔カシス〕のエキスを混ぜたものである。ちなみに、ワインの代わりにシャンペンを使うと、〔キール・ロワイヤル〕と呼ばれる。

「そうですね、日本酒やビールは違いますよね。ビールじゃおなかが膨《ふく》れてしまうし、日本酒の香

りとカレーは合わない。やはりワインかな。でもワインも赤や白はちょっとね。ま、ロゼがなんとか合うかも」。艶《つや》のよい顔をほころばせながら、御主人が教えてくれた。おそらく同じような質問を何度も受けているのだろう。なるほど。

色々な国でカレーを食べたが、これぞ最高のマッチング、という酒には出会わなかった。世界でも何番目というようなロンドンの名高いカレー屋では確か白ワインだった。だが、あまり感心した覚えがない。英国船籍の豪華客船に乗ったときも、インドのゴアやボンベーから来たという乗組員の供するカレーを色々と趣向を変えて食べさせられたが、酒についての印象はまるでない。カレーと酒というのは相性の悪いものなのかもしれない。

池波は、ここで果たして何を飲んだのだろうと考えていると、お待ちどうさまと、カレーが出来てきた。ここでは「カリー」と呼んでいる。丹念に煮込まれ、すっかり柔らかくなった牛肉が、とても美味しい。ドロリとしたカレーも程のよい辛さで、見た目ほどは辛くない。上品なお味である。御飯の炊き方も、いたずらにインド風を狙わず、日本人好みの、やや固めの仕上がり。パサパサしたインド風より、日本人には、やはりこちらである。最初は少しずつ容器から御飯にカレーを掛けていたのだが、次第に大胆になり、最後は白い御飯をカレーで埋め尽くして食べてしまった。カレーはこうやって食べるのが美味しいのだ。最後まで食べつくし、すっかりいい気分になった。〆《しめ》は紅茶である。「ミルクティ」だ。コーヒーより、こっちだなという顔をすると御主人がニッコリしていた。辛い辛いカレーだと、コーヒーが中和する働きを見せるが、「べんがる」のような上品なカレーには、これがよい。「キール」は今度試してみよう。

**〔おすすめメニュー〕**
べんがるカリー1550円

# 五明館【ごめいかん】

（和洋食）

長野県長野市大門町515

❖MAP ⑪頁

閉店

二十年ほど前に、駅前から電話をして、はじめて泊った旅館・五明館《ごめいかん》は私の定宿となってしまうほど、清潔で食事がうまくて、人なつかしげな宿で、この五明館が経営している〈銀扇寮《ぎんせんりょう》〉で食べさせるものは、みんなうまい。『散歩のとき何か食べたくなって』新潮文庫165頁

長野随一の名店であるクラシックな〈五明館〉は、夕暮れの中にその典雅なたたずまいを見せ、木とガラスのドアを開けて入るとき、期待に胸がふくらんだ。お待ちしておりました、と迎えてくれたのは〈五明館〉社長の中澤泉氏その人。名刺には〈五明館扇屋《おうぎや》〉とある。これが正式名称。奥は和室と見えた。それを言うと、以前は客室になっておりましたと、応えられる。現在では旅館は廃業してしまっているのだ。伊豆とかの暖かい土地と違い、長野では一年の半分しか稼動できないのだという。長野善光寺大門前の旅館が、年の半分しか営業できないとは。あらためて長野という土地の置かれた環境を思った。「〈五明館〉は、私が頻繁《ひんぱん》に信州通いをしていたころの常宿だ」（『よい匂いのする一夜』）と書いた池波が、これを聞いたらさぞ嘆いたことだろう。

今から六十年ほども前に初めてこの地を訪れた池波は、長野に泊まるときは必ずここ〈五明館〉と決めていた。途中改装され、一部がレストランとなったことを記しているが、それでも当時は、

まだ宿泊が可能であった。敷地の隣は善光寺郵便局だが、ここもかつては客室であった。見ると郵便局の建物右側に、見事な字で〔御宿　五明館　扇屋本店〕と、往時の看板があった。

「長野市は、むかし、幕府の直轄《ちょっかつ》で、善光寺があるところから、寺社奉行の支配下にあって、五明館（当時は扇屋）は善光寺十五ヵ町の束《たば》ねをしており、脇本陣をゆるされていたという」（『同』）

大層由緒ある旅館だったことがわかる。それが時代の波とやらに押され、旅館廃業のやむなきに至った。実はこういうケースは各地に見られ、池波の通った店を辿《たど》る旅でも、いくつかの旅館、それも贔屓《ひいき》にしていたような名館に限って、そういう憂《う》き目にあっている。

だが嘆いてばかりいられないので、それではと、料理をいただく。〔かえで〕というコースである。まず〔お造り〕。鯛とトロ、それに甘エビ。日本酒でいただく。上手に燗《かん》がついている。〔剣峰〕という。続いて〔帆立《ほたて》のバター焼き〕。身と貝柱が大きい。だが決して大味ではない。さらに〔エビの天ぷら〕、そして〔茶碗蒸し〕。以上に御飯とお椀、そして香の物がつく。どれもまことに結構。老舗旅館の底力であろう。豪華な中に、どこかあっさりとした感じが漂うのは、やはり質素倹約を旨とする、長野ならではのものだろう。

長野市のメイン・ストリートである中央通りから見えるこのレストラン、かなり大きい。入り口右手にテーブルが八卓、仕切りを経て小宴会が出来るような細長いテーブルが二卓ある。全部で六十席といったところ。ひじょうに落ち着いた店で、池波がのんびり食事をしている姿が目に浮かんだ。

（〔五明館〕のレストランは二〇一一年十月に閉店となった後、同じ善光寺宿の老舗〔藤屋〕がパティスリーの〔平五郎（ＨＥＩＧＯＲＯ）〕を開業。現在（二〇二一年）は休業中である）

# 長野凮月堂【ながのふうげつどう】（和菓子）

散歩の帰りに、風月堂の〈玉だれ杏《あんず》〉を買って来て、夜ふけの宿で食べるのも、信州の旅らしい。『散歩のとき何か食べたくなって』新潮文庫166頁

長野県長野市大門町510
TEL／026-232-2068
営／9時〜18時
休／無休
❖MAP ⑪頁

「生涯に一度、長野の町に住み暮してみたい」（『散歩のとき』）と池波は書いている。これは凄いことで、あんなに何度も訪れた京都でさえ、ここまでは入れ込んでいない。〔江戸〕の人間である池波にとり、京都は訪れる土地ではあっても、暮す場所ではなかったのだろう。なんとなくわかる。また金沢や、その他のところでも、こういう記述はしていない。『真田太平記』を始め、信州を舞台にした作品が多いのも、芯《しん》には、この土地柄への愛着が存在しているのだろう。これまで何度もこの地を訪れているが、池波が書くほどの魅力は感じなかった。こちらの感受性の欠如であろうが、本当のところ、どうしてですかと尋ねてみたい気がする。だが今となっては、それもかなわない。書かれたものから読み取るしかない。

「夜になって散歩に出たが、当時の長野は、いかにも信濃の都市という雰囲気が濃厚で、一歩、裏へ入れば、白壁造りの土蔵や、田中冬二の詩に出てくるような古めかしい商店やレストランがあっ

たりして、闇の中に花の香りがただよっていたものだ」。こう書いたのは昭和五十四年に雑誌に掲載された『よい匂いのする一夜』である。今から四十年前になる。池波の中では長野の印象がこの時点でストップ・モーションしているとすると、現在の姿を見て、どのような感想をもらすだろう。

「いま〔明治軒〕はなくなり、東京ふうのけばけばしいレストランが増えた長野市で、その明治軒を偲《しの》ばせる店は、おそらく、この〔弥ぐるま〕だけだろう」。こちらは前書からさらに二年前の『散歩のとき何か食べたくなって』という、やはり雑誌連載の文章である。ここまで書かれたら是非訪ねたいと、取材中懸命に〔弥ぐるま〕を探したが、見つけられなかった。もちろん〔明治軒〕も。歳月の足の早さを痛感する。

池波にならって、たそがれ時に散歩をする。中央通りの坂道は善光寺の大門に近づくに従い、益々急になる。ゆっくりゆっくり歩いていると、夕闇の中に、かつての池波の定宿であった〔五明館〕（現在は閉店）の建物が浮かび上がり、そのすぐ先に〔長野凮月堂〕が見えた。〔玉だれ杏《あんず》〕と書かれた看板のところが〔長野凮月堂〕である。

創業明治十九年という、老舗〔長野凮月堂〕の〔玉だれ杏〕は、この地の名物である杏を牛肥で包んだ、風雅な和菓子。〔玉だれ杏〕は、全国生産の九割を占めるという〔長野の杏〕のシンボルである。

京都でも池波は同様のことを行なっているが、一杯機嫌で宿舎に戻り、それからおもむろに〔甘味〕を賞味するという池波流は、やってみると、それこそ病みつきになる。



**〔おすすめメニュー〕**
玉だれ杏（1個）155円（6個入り）993円（10個入り）1620円

# まるも

（喫茶）

蔵造りの〔まるも〕のコーヒーもよかった。この店は旅館もしていて、一度だけ泊ったことがある。『散歩のとき何か食べたくなって』新潮文庫164頁

長野県松本市中央3−3−10
TEL／0263−32−0115
営／9時〜16時（15時半LO）
休／月曜、火曜（祝日と重なる時は営業）

❖MAP ⑪頁

池波が「馬肉の刺身や、鍋を食べるのも、たのしみの一つ」（『散歩のとき』）と記した松本の〔三河屋〕（現在は閉店）から歩いてすぐの場所に、コーヒーで有名な〔まるも〕がある。ペーパー式のドリップで、挽《ひ》いたばかりの豆を使っていれるコーヒーはなるほど旨い。モーニング・セットを頼んだら、ピリッとしたチキン・サラダの小鉢《こばち》と、厚切りのバター・トーストと一緒に出てきた。これで六百八十円である。

朝の九時からやっている〔まるも〕は実は名代の旅館が本業で、池波は一度だけ泊まったことがあるらしい。

土地の文化人たちの集まる場所としてこのコーヒー店は機能しており、行った時も、白髪のオールド・ボーイたちがパイプをふかしながら、静かに歓談していた。

名門・松本深志《ふかし》高校から信州大学を出て、八十二《はちじゅうに》銀行やセイコー・エプソンなど地元企業に勤

め、定年後はこの店でのんびりコーヒーを飲んで余生を暮らすというのは、なかなかに魅力的な人生であるように思われた。

松本城を囲む形で城下町が形成されており、お城の南側の中町、東町、大手町といったあたりに、松本らしさをたたえた名店が軒《のき》を並べる。これに加えて、様々な美術館や博物館、名所旧跡がひきもきらない、松本は魅力に溢《あふ》れた都会である。

東京から車でも特急でも、どちらも三時間弱で着く松本は、意外に近い。地元に産業があるために人口が流出せず、老人と若者が自然な形で溶け合っている。〔まるも〕はそういう健全な発展をした松本という土地を象徴している店のように思われた。

地理的に見ても、〔まるも〕は松本の中心地にほど近いから、骨董《こっとう》屋をひやかしたり、松本城や隣接する美術館を見物した後に立ち寄って、ゆっくり余韻《よいん》を楽しむのにいい。普段は名所歩きをしない筆者だが、歩いて程よいサイズの松本ではあまり時間を気にせずのんびり名所見物をした。

お城の脇《わき》に、明治もかなり早い時期に造られた小学校〔開智《かいち》学校〕が当時のままに保存されており、土地の人々の自慢の旧跡のようであった。小学校の古い建物が名所であるのはいかにも〔教育県〕長野らしいではないか。

倉を改造したという〔まるも〕の、のんびりした店内で、筆者もゆっくりパイプをふかしながら、当時の人々のことを考えた。美味しいコーヒーを飲みながら、ゆったりした時間が流れていくのをこんな風に感じながら過ごせるだけでも、松本に来た甲斐《かい》があったというものである。

池波の足跡をたどる旅は、仕事とは思えない楽しさであった。

**〔おすすめメニュー〕**
コーヒー550円、紅茶500円、モーニング・セット680円

# くるまや （蕎麦）

広い入れこみの、炉を切ってある大座敷へあがりこみ、木曾名物のすんき漬を刻んでのせた熱い蕎麦を食べた十五年前の、冬の夕暮れを、いまも忘れかねている。『食卓の情景』新潮文庫２４１頁

長野県木曽郡木曽町福島5367−2
TEL／0264−22−2200
営／11時〜16時（蕎麦がなくなり次第終了）
休／水曜
❖MAP ⑪頁

広い店である。これでも、電話で尋ねたときには支店もありますが、と言われた。大いに繁盛しているのだ。「くるまや」の名の通り、おもてで店を見上げると、三階ほどの高さのところに歯車が連なっているのが見えた。どういう来歴を持つ店なのであろうか。未だに解明していない。

それにしても、である。駅で尋ねても、道すがらで聞いても、地元の皆さんは全員ここを知っていた。木曽福島を代表する店なのである。蕎麦屋は他にいくつもあるのに、ここ「くるまや」ばかりが有名になって、他のところはさぞ悔しい思いをしているに違いないと、思わず同情してしまう。

時分どきだからきっと並びますよと、駅の人におどかされていたのに、なんともあっさり座れた。独りだからだろう。入り口すぐの土間の左手に大きなテーブルがあり、右にも三卓並んでいる。客は登山帰りのような人が多く、ゴツイ登山靴がたくさん脱ぎ散らかっている。わいわいと賑《にぎ》やかで、山小屋で食事をしているような気分である。入れ込みの客は男女半々。三十人は、いそう

である。山を降り、ここでホッとして重い靴を脱ぎ、畳の上で、のんびり〔くるまや〕の蕎麦をたぐるのを、楽しみに来た連中であろう。わかるわかると、メニューを手に取る。例によって従業員はおばさんばかり。地元のおかみさんたちが、パートで勤めているのだ。

〔もり〕や〔ざる〕といった冷たいのを食べている人と、温かいのを頼んでいる人と、半々である。池波は、ここ〔くるまや〕では、温かい〔すんき蕎麦〕を食したと書いているが、あいにく売り切れ。〔花まき蕎麦〕にする。色々と具の入った、江戸で言うなら〔おかめ〕とか〔しっぽく〕に当たる蕎麦である。都でも、蕎麦屋によっては〔花まき〕としてメニューに載せているところもある。出てきた蕎麦は、いかにも鄙《ひな》びた味わいの蕎麦であった。〔花まき蕎麦〕という名前の持つ華やかさはあまり感じられず、信州のお婆ちゃんの家で、手作りの蕎麦を食べているような気になる。そういう親戚はいないのだが。

おつゆは温かめである。やや薄味で、それがいかにも田舎の味を感じさせる。日本各地の、ことに山地に蕎麦の名店が多いのは、米が取れなくて蕎麦を常用してきた名残りである。代用食だったのだ。今日のような、飽食、と呼ばれる時代には想像が難しくなっているが、日本には普段に米を食べられなかった土地や時代が、ついこのあいだまで、あったのだ。そういうことを思い起こさせる味であった。

値段は決して安くはない。木曽の山奥でも、こつこつと手作りで、〔くるまや〕のように、こういう蕎麦をこさえて供していると、そうそう安くは出来ないのだろう。店を出ると、駐車場は東京ナンバーのクルマで一杯だった。



**〔おすすめメニュー〕**
もり蕎麦 1220 円、ざる蕎麦(二枚重ね)1220 円、
すんき蕎麦 950 円、花まき蕎麦 920 円

# 大友楼【おおともろう】

（会席料理）

石川県金沢市尾山町2-27
TEL／076-221-0305
営／11時半～21時頃
休／年末年始
❖MAP ⑪頁

金沢の料亭〔大友楼〕で出す生粋《きっすい》の加賀料理にも、むかしの東京をしのばせる味わいが私には感じられるのである。『食卓の情景』新潮文庫58頁

前田利家と妻女まつが開いた加賀百万石の金沢は〔小京都〕と呼ばれる。二〇一五年三月に北陸新幹線が開業したことで東京からでも二時間半で金沢に着くが、以前はやはり京都から行く場所、というイメージが強かった。特急のサンダーバードに乗れば、わずか二時間。京都と金沢は直線にすれば距離は実はさほどではないのだ。陸地伝いの船の便もあったろうし、江戸期にも意外に近い関係だったのではなかろうか。

で、尾山《おやま》町という金沢城丸の内、すなわちお城近くの町にある〔大友楼〕である。ここは加賀百万石の栄華を偲《しの》ばせる武家料理の料亭として知られる。実は朝日新聞の〔池波正太郎の食〕アンケートでファンから〔行きたい旅先の食の店〕の堂々第一位に選ばれたのが、この店なのだ。天保年間創業、百九十年余を経た、時代を感じさせる店である。暖簾《のれん》をくぐると庭が見え、上がりかまちの風格も只者《ただもの》ではない感じだ。御当主は七代目という。七室ほどある落ち着いた座敷に座

り、窓越しに、丹精された庭を見ながら料理をいただく。飾られた六双の金屏風《きんびょうぶ》が存在感を示している。そもそも加賀本来の食文化の土台は京都のそれで、関西圏に所属する。それが徳川の時代に前田家の政策でことさらに江戸風を重んじることが肝要とされるに及び、味も江戸のそれに習うようになった。〔大友楼〕は、そういう加賀の二重構造を今日によく伝える加賀料理を供し、伝統を受け継いでいる。濃い味付けに歴史を感じる池波が〔大友楼〕を大いに愛するのも、むべなるかなである。

武家好みの濃厚な江戸風の味付け、それが〔大友楼〕の味であった。〔突き出し〕、〔向付《むこうづけ》〕、〔お造り〕と続く。日本海の豊富な海の幸を使った鯛《たい》や平目《ひらめ》など白身の魚の刺身が素晴らしい。

コースで印象に残ったのは二品。〔鯛の唐蒸《からむ》し〕と〔治部煮《じぶに》〕である。前者は〔おから〕を〔鯛〕と煮あわせ、互いにそれぞれの味を含ませたもの。〔おから〕という身近な食材が、気取って〔唐〕とシャレており、高級魚である〔鯛〕によって生まれ変わっている。江戸風の、濃い口醤油が、強く主張をしている。典型的な武家料理だ。御飯にも酒の肴にもよい。仲居さんに聞くと、武士は腹を切ることを嫌ったから、〔鯛〕も背開きにしてあるそうである。

一方の〔治部煮〕は鴨《かも》の季節には鴨を、他の季節では鶏《とり》で仕立てる煮物。細かく包丁を入れて〔すだれ〕のようにした〔麩《ふ》〕がついている。小麦粉でトロリと仕上げてあり、これも味付けは濃厚である。いかにも池波が好みそうな味、と言ってよい。〔金時草〕という加賀独特の食材があしらわれている。

土地のお酒〔萬歳楽《まんざいらく》〕とビールに、コース料理二名で税金サービス料共に二万円ほど。



**〔おすすめメニュー〕**
昼のコース料理は6000円から、
夜は1万2000円から予算に応じて（税サ別）

## 【な行】



## 【は行】



## 【ま行】



## 【や行】



## 【ら行】

# 店名索引

# あとがき

一人の作家が日頃食べ歩いた店を記録するというのは、他に例がないわけではない。贔屓《ひいき》の店について書く文人は、いくらもいる。しかしそれが百五十軒以上にも及ぶとなると、これはちょっと異例である。池波正太郎はそれをやった稀有《けう》な小説家で、本業の時代小説と並んで、彼の書く食物のエッセイは大いに評判を呼び、没後二十年になろうとする今日も、版を重ねている。これは凄いことだ。池波はいまや国民的作家とよんでいいと思うが、同様の扱いを受ける司馬遼太郎（同い年である）や松本清張も、多くのエッセイをものしながら、ここまで食にはこだわらなかった。こういう人はこれまでいなかったし、これからもまず現われることは、ないだろう。

本書はその「追っかけ」をしたもので、人が食べたものをなぞって、どこが楽しいのだと笑われそうだが、その作業は正直ひじょうに面白かった。食べた物や食べ物屋をつぶさに追体験することで、池波正太郎という作家の一つの確たる姿が浮かび上がったという手応えを得たからである。

普段食べているものを言えば、その人間がわかると看破したのはブリア・サバランであったが、まことにそうであるなと、納得したのである。だからといって池波の私生活まで立ち入ったわけではないから、これで評伝を書けるとは思わない。だが、様々に光を当てて一人の作家を浮かび上がらせる手法を考えるとき、食からみた池波正太郎像というのは、かなり明確に浮かび上がったような気がした。鬼平や梅安、秋山小兵衛といった池波創造のキャラクターと同様に、池波正太郎その人の造型も、食の面からだけだが、形作れたと思うのである。まさに食は人なり。

東京から横浜、上田に長野、松本、そして木曽福島。名古屋から桑名、多度《たど》、そして伊賀上野と来て、関西圏は奈良、大阪、八尾、そして京都。さらには飛んで金沢。これが池波の食べ歩いた土地である。僅《わず》かに漏《も》れている場所もあるが、本書では以上をほぼすべて網羅している。「追っかけ」もこれで大変なのだ。多くは現存し、盛業中であるが、二十軒余は休業、廃業、様子不明と相成った。人の世の常であろうが、池波が書いていて、その後に探すと見つからなかった店、行ったらなかったところ、やむなく閉めてしまったところなどなど、いくつかある。初めて池波が雑誌に発表した時代から、古いものは五十年近くたっている。そういうエッセイに登場する店があるのだから、これは仕方のないことだろう。雑誌連載が単行本になり、文庫に収められてからも三十年たつ、という店がある。それを元に当方が走査したのが十五年近く前である。「東京・横浜・松本編」と「京都・大阪・名古屋中部編」の単行本二冊を上梓してから十年余がたち、そして今回の「とどめ」の取材十数軒となる。結果として、この五十年の日本の食の変遷を、図らずも辿《たど》る結果となった。池波が仲人を務めた銀座の「いまむら」のご当主のように、取材時はお元気でも、今回あらためて赴くと物故されていた、という方もいる。おそらくは他にも同様の御主人がおられるだろう。まことに世の中の移り変わりは、はかなくも厳しいものである。

原則として、取材と断わらないように取材した。一人の客として、当たりたかったからである。フツーに食べ、飲んで、その印象を書きたかった。当然であろう。料金も、編集部の丹念な調べで、現在の価格が明記してある。場所についても、移動していたりする店があるので、今ある住所になっている。地図も同様である。それにしても百二十三軒（現存するすべて）である。よくも行ったものだ。よくも食べたものである。飲んだものである。こういう仕事も、もうこれからはあるまい。前記のごとく、池波のような作家は、他にいないからである。

朝日新聞に「池波正太郎の食にうなる」というような特集（下表参照）が組まれるほどに、没後二十年になろうとする池波の著した食に対する読者のおもいは熱く、そして強い。そういう池波ファンの代表というようなな思いあがりはないが、お仕事でこういう食べ歩きが出来たことは、まことにありがたいと思っている。

**〔池波正太郎の食――行きたい旅先の店〕**

アスパラクラブ・アンケート結果（回答総数 5343 人）

| 順位 | 店名 | 場所 | 人数 |
|---|---|---|---|
| ① | 加賀料理「大友楼」 | 金沢 | 1331 人 |
| ② | すき焼き「金谷」 | 三重・伊賀 | 1073 人 |
| ③ | そば「くるまや」 | 長野・木曽福島 | 1007 人 |
| ④ | すし「松鮨」 | 京都 | 866 人 |
| ⑤ | シューマイ「清風楼」 | 横浜 | 791 人 |
| ⑥ | 料亭「萬亀楼」 | 京都 | 783 人 |
| ⑦ | 蛤料理「船津屋」 | 三重・桑名 | 761 人 |
| ⑧ | 喫茶「イノダコーヒ」 | 京都 | 709 人 |
| ⑨ | そば「刀屋」 | 長野・上田 | 704 人 |
| ⑩ | すき焼き「三嶋亭」 | 京都 | 692 人 |

朝日新聞（2009 年 7 月 28 日付け）より

## 増補改訂版のためのあとがき

池波正太郎の人気は一向に衰える気配を見せない。書店の池波コーナーは相変わらず盛況だし、テレビの池波原作作品は途切れることなくオンエアされている。これには池波本人が驚いているのではあるまいか。東京台東区の池波ミュージアムみたいな施設も、いつ行っても人だかりがしているのだ。えらいものである。

二〇二〇年に没後三十年を迎えた、決して新しい作家ではないのに、他の追随を許さない、その理由は奈辺にあるのか。そう言えば、本書を含めて世に池波本と呼ばれる解説書、うんちく本といった周辺本も、休むことなく生み出されている。現在も立派に通用する現役の作家、それが池波正太郎なのだ。池波ファンにとって鬼平や梅安、雲霧仁左衛門といった主役の存在と同様に、広く人気を誇るのが、その食に関する記述である。決して世に言うグルメではないのに、池波の書く食に関してのエッセイは幅広い人気を持ち、今もしっかり続いている。

今回の増補改訂版にあたって新規取材を八軒行なった。東京の〔洋食大吉〕から西へ飛んで滋賀・近江の老舗料亭〔招福楼〕まで。間には静岡のとろろ料理店や小田原の名物食堂にも足をのばした。一方で、二〇〇九年の元版から十二年で二十軒近くが閉店している。その中には池波が媒酌《ばいしゃく》の労をとった料理人のお店なども含まれており、ある種の無常感にとらわれる思いもある。

とはいえ、いまだに池波が通った〔店〕が百十軒も健在なのである。これは一つに、池波の人気に負うところも大きいのではないか。

本書は池波の食に関する記述を取り上げ、そこに登場する店の実際を踏査したものである。池波は時代劇作家だから、小説に登場する店は、わずかな例外を除いて、実在しない。ということは、池波が小説以外のエッセイや日記で紹介した店が、その取材先になっている。それが、本書を読めばわかるように、大変な量に上っているのだ。

くり返しくり返し、池波は自分が食べたものと、それを供する店について、文章にして発表した。これは、書いたものが好評だったからで、そこに、池波正太郎という作家の、小説作法とは別の筆力、構成力、食に対する目の確かさを読み取ることができる。

こんな記述がある。「天ぷらを、飯を、『うまい、うまい』と、食べれば食べるほどに、あるじの顔が笑みくずれてゆく」（『散歩のとき』）。池波がいわば一種のファンとして、店や料理を綴ったことがよくわかる文章であり、それが成功と好評の要因だと思われる。

ただ気に入りの店を紹介するだけで、それが時空を超えて、今も人々の関心を呼ぶというのは大変なことである。食について、お気に入りの店について、池波が記したのは五十年も前のことだったからだ。ひじょうに寿命の長い記載になったわけだ。残った店もえらいが、池波の記述が今も通用するというのが、大変なことだと知れる。選ぶ目の確かさと、その文章のパワーが、これを可能にした。こういう作家は他にはいない。

馬場啓一

本書は、小社から二〇〇九年に発行された『池波正太郎が通った〔店〕』について、料理の価格や営業時間などの改訂を行うとともに、新規取材八軒を加えて一冊にしたものです。ただし、営業時間等は情勢によって変動するので、直接お店にご確認ください。

**馬場啓一（ばば・けいいち）**

1948年、福岡県生まれ。早稲田大学法学部卒業。CMディレクターを経て文筆の道へ。ミステリ、ジャズ、映画、酒、ファッションと幅広いジャンルのエッセイを手がけるほか、小説も執筆。流通経済大学教授として長年「現代文章論」を教えた経験をもとにした『名文を読みかえす――夏目漱石からプロジェクトXまで』（いそっぷ社）の他に『白洲次郎の生き方』（講談社文庫）『定年ダンディーの作り方』（鹿砦社）などの著書がある。

**池波正太郎が通った〔店〕　増補改訂版**

二〇二一年十一月三十日　第一刷発行
二〇二二年　二　月　十　日　第二刷発行

著　者　馬場啓一
発行者　首藤知哉
発行所　株式会社いそっぷ社
〒一四六―〇〇八五
東京都大田区久が原五―五―九
電話　〇三（三七五四）八一一九
印刷・製本　シナノ印刷株式会社


ISBN978-4-900963-95-5 C0095
定価はカバーに表示してあります。

# 地域別マップ

①●は掲載店を示しています。店名の後の（　）内の数字は、本文掲載頁です。店がビル内にある場合は、店名の上にビル名と所在フロアーを表示しました。
②地図に方位記号がない場合は、真上を北とします。
③地図内の記号は、以下の建物を示しています。

- ⊗ 交番
- ㊫ 学校
- 〒 郵便局
- 銀行

# 銀座 京橋・新橋

日比谷
東京メトロ日比谷線
有楽町駅
有楽町
マリオン
東京高速道路
有楽橋
数寄屋橋
東京メトロ丸ノ内線
マロニエゲート
銀座2
晴海通り
松屋通り
銀座ガス灯通り
銀座マロニエ通り
銀座柳通り
銀座一丁目駅
煉瓦亭 (12)
東京凮月堂本店 (20)
銀座駅
銀座三丁目
銀座二丁目
銀座一丁目
銀座通り口
松屋銀座
銀座アスター本店 (28)
銀座三越
みかわや (32)
銀座三越新館
東京メトロ有楽町線
鍛冶橋
鍛冶橋通り
明治京橋ビル１階
シェ・イノ (44)
柳通り
東京スクエア
ガーデン
京橋駅
国立映画
アーカイブ
宝町駅
都営浅草線
新京橋
東銀座駅
昭和通り
三原橋
歌舞伎座

築地駅
新大橋通り
築地四丁目
東京メトロ
日比谷線
晴海通り
本願寺
築地六丁目
築地七丁目
かつ平 (42)
日比谷公園
日比谷通り
日比谷
都営三田線
日生劇場
帝国ホテル
東京宝塚
劇場
日比谷
シャンテ
JR 東海道本線／山手線
泰明通り
寿司幸 (14)
数寄屋通り
外堀
坂口ビル9
並木通り
てんぷら近
みゆき通り
銀座
グランドホテル
御門通り
花椿通り
丸源 53 ビル 2 階
るぱ・たき (34)
交詢社通り
西五番街通り
新橋駅
金春通り
すずらん通り
新橋駅前ビル 1 号館 1 階
小川軒 (40)
銀座
博品館
資生堂パーラー (18)
リンタロウ カフェ (26)
中央通り
新橋駅前ビル 1 号館 2 階
東 (38)
新橋
銀座八丁目
銀座六丁目
東京メトロ銀座線
GINZA
SIX
銀座天國 (22)
汐留シティ
センター
大栄会館地下 1 階
羽衣 (16)
銀座 鮨 み富
(36)
三井ガーデンホテル
銀座プレミア
銀座東五丁目
竹葉亭本店 (30)
時事通信ホール
新橋演舞場

# 神田
## 神保町・水道橋

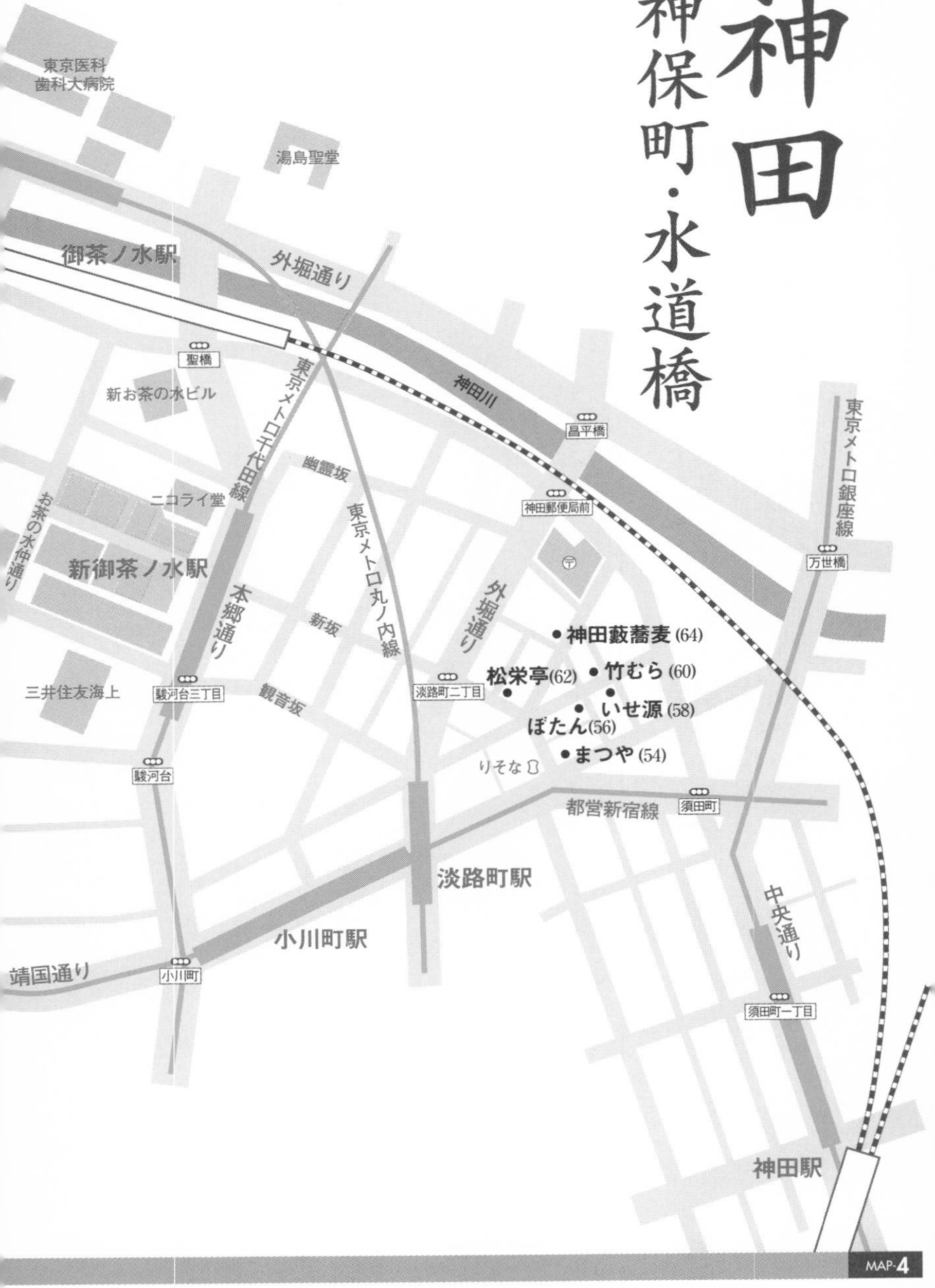

東京医科
歯科大病院
湯島聖堂
御茶ノ水駅
外堀通り
聖橋
新お茶の水ビル
東京メトロ千代田線
神田川
昌平橋
幽霊坂
ニコライ堂
東京メトロ丸ノ内線
神田郵便局前
東京メトロ銀座線
お茶の水仲通り
新御茶ノ水駅
本郷通り
外堀通り
万世橋
新坂
● 神田藪蕎麦 (64)
松栄亭(62)
● 竹むら (60)
三井住友海上
駿河台三丁目
観音坂
淡路町二丁目
● いせ源 (58)
ぼたん(56)
● まつや (54)
りそな
駿河台
須田町
都営新宿線
淡路町駅
中央通り
小川町駅
靖国通り
小川町
須田町一丁目
神田駅

水道橋
水道橋駅
順天堂前
JR中央本線
かえで通り
三楽病院
日本大学
経済学部
三崎町
神田女学園
とちの木通り
松翁 (72)
猿楽通り
錦華通り
都営三田線
白山通り
山の上ホテル本館1階
山の上 (70)
明大通り
明治大学
お茶の水小
江本ビル2階
古瀬戸珈琲店
神保町駅
神保町
書泉
グランデ
三省堂
書店
岩波
ホール
揚子江菜館 (74)
神田すずらん通り
駿河台下
東京メトロ半蔵門線

浅草橋
都営浅草線
江戸通り
柳橋二丁目
みずほ
三菱UFJ
柳橋中央通り
洋食大吉
(102)
浅草橋駅
浅草橋駅前
JR総武線
隅田川
神田川

向島
長命寺桜もち山本や
(104)
桜橋
墨堤通り
首都高速向島線
言問通り
区立
隅田公園
隅田川
言問橋西
言問橋
江戸通り
牛嶋
神社
言問橋東
浅草駅
小梅通り西
とうきょう
スカイツリー駅
東武伊勢崎線
吾妻橋

浅草
ウインズ
浅草
浅草寺
浅草駅
つくば
エクスプレス
二天門前
公園六区入口
馬道通り
ヨシカミ
(80)
浅草
ROX
天藤
(88)
伝法院通り
東武伊勢崎線
鎌寿司(86)
国際通り
浅草一丁目
リスボン(82)
中清
(78)
浅草
公会堂
浅草二丁目
仲見世通り
すしや通り
公園通り
オレンジ通り
浅草中央通り
新仲見世
松屋
浅草駅
雷門一丁目
金寿司(76)
雷門通り
雷門
吾妻橋
国際通り
吾妻橋
田原町駅
都営浅草線
並木薮蕎麦
(84)
寿四丁目
東京メトロ銀座線
浅草駅
吾妻橋東詰
浅草通り
隅田川
駒形橋西詰
駒形橋
江戸通り
前川(92)
駒形どぜう
(90)
駒形二丁目

# 上野

愛玉子(100)
下町風俗資料館
付設展示場
言問通り
上野桜木
東京藝術大学
上野
動物園
東京都
美術館
京成本線
国立西洋
美術館
東京都上野
恩賜公園
首都高速上野線
東京メトロ千代田線
上野駅
上野駅
京成
上野駅
不忍池
上野
マルイ
上野公園前
アメ横
JR山手線
東京メトロ日比谷線
昭和通り
不忍通り
中央通り
アブアブ
蓮玉庵
(98)
仲町通り
上野
御徒町駅
上野広小路
湯島駅
春日通り
都営大江戸線
上野
広小路駅
松坂屋
御徒町駅
仲御徒町駅
黒門小
三菱UFJ信託
湯島中坂下
本家ぽん多
(96)
うさぎや
(94)
東京メトロ銀座線
三組坂下
花ぶさ(66)
練成通り
練成公園通り
末広町駅
森下
みの家(106)
新大橋通り
都営新宿線
菊川駅
森下駅前
森下駅
都営大江戸線
清澄通り
深川小
三ツ目通り
のらくろード
小名木川
清澄白河駅
清洲橋通り
東京メトロ半蔵門線
白河三丁目

赤坂
神谷町・麻布台
首都高速新宿線
国立
国会図書館
永田町駅
サントリー
赤坂エクセル
ホテル東急
赤坂見附駅
青山通り
東京メトロ銀座線
豊川
稲荷
赤坂警察署前
とらや(110)
赤坂
警察署
山脇学園
中学・高校
一ツ木通り
田町通り
山王日枝
神社
東京メトロ南北線
国会議事堂
溜池山王駅
赤坂 Biz
タワー
山王下
赤坂サカス
赤坂 ACT
シアター
首相官邸
TBS
赤坂駅
外堀通り
赤坂通り
東京メトロ千代田線
氷川公園
りそな
溜池
霞ヶ関
ビル
特許庁前
花むら(112)
サン・サン赤坂
転坂
赤坂
ツインタワー
首都高速都心環状線
虎の門
病院
アメリカ合衆国
大使館
六本木通り
桜田通り
アーク
森ビル
ホテル
オークラ東京
虎の門三丁目
神谷町駅
東京メトロ日比谷線
麻布台一丁目
星野ビル地下1階
横濱屋(114)
聖アンデレ教会
飯倉
表参道
表参道ヒルズ
東京メトロ千代田線
表参道駅
みずほ
大松稲荷
青山通り
スパイラル
ホール
青南小
都民の城
青山劇場
東京メトロ銀座線
フロムファースト1階
フィガロ(116)
骨董通り
根津
美術館
青山学院大学

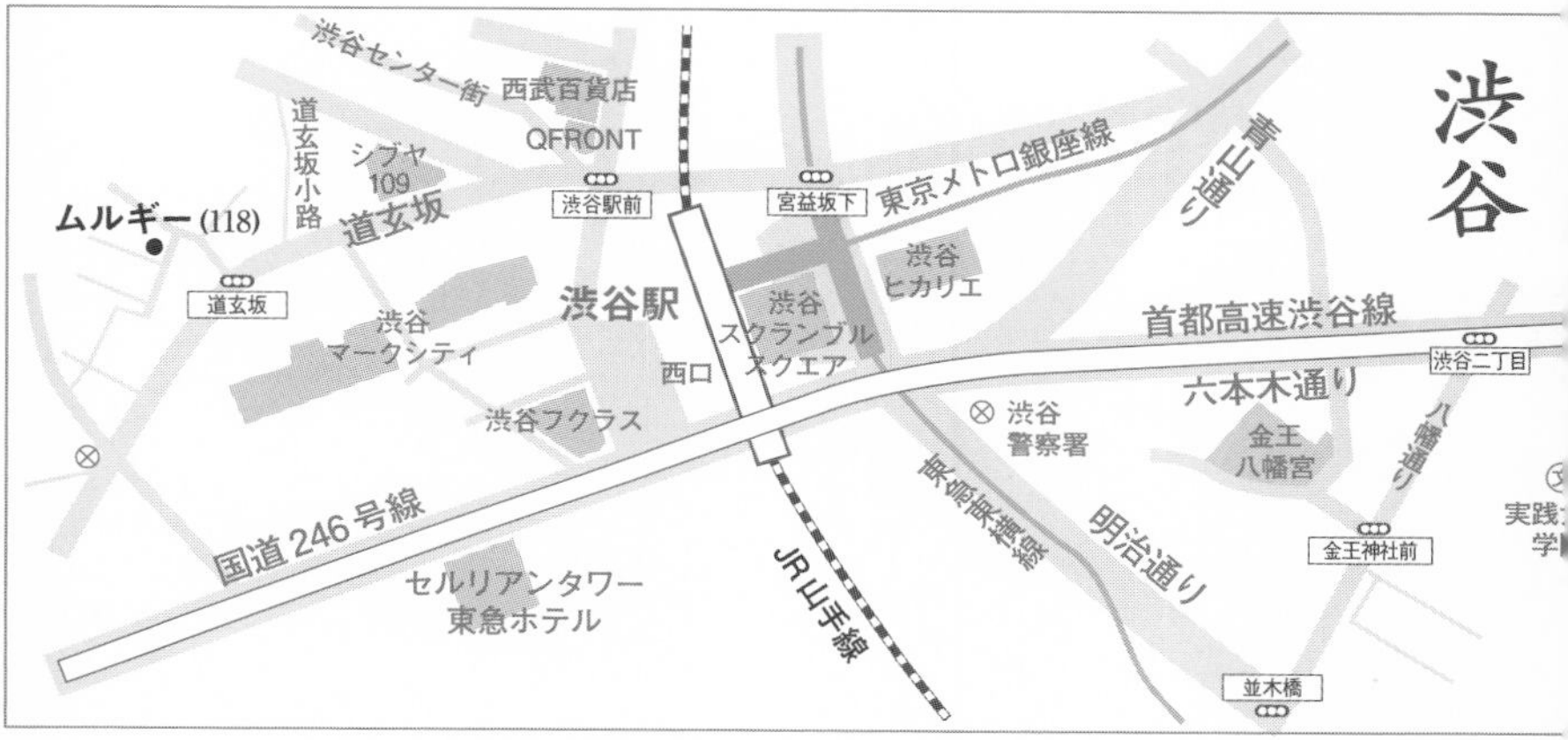
渋谷
渋谷センター街
西武百貨店
QFRONT
道玄坂小路
シブヤ109
道玄坂
ムルギー (118)
渋谷駅前
宮益坂下
東京メトロ銀座線
青山通り
渋谷ヒカリエ
道玄坂
渋谷マークシティ
渋谷駅
渋谷スクランブルスクエア
西口
首都高速渋谷線
渋谷二丁目
六本木通り
渋谷フクラス
渋谷警察署
金王八幡宮
八幡通り
実践女子学
東急東横線
明治通り
国道246号線
金王神社前
セルリアンタワー東急ホテル
JR山手線
並木橋

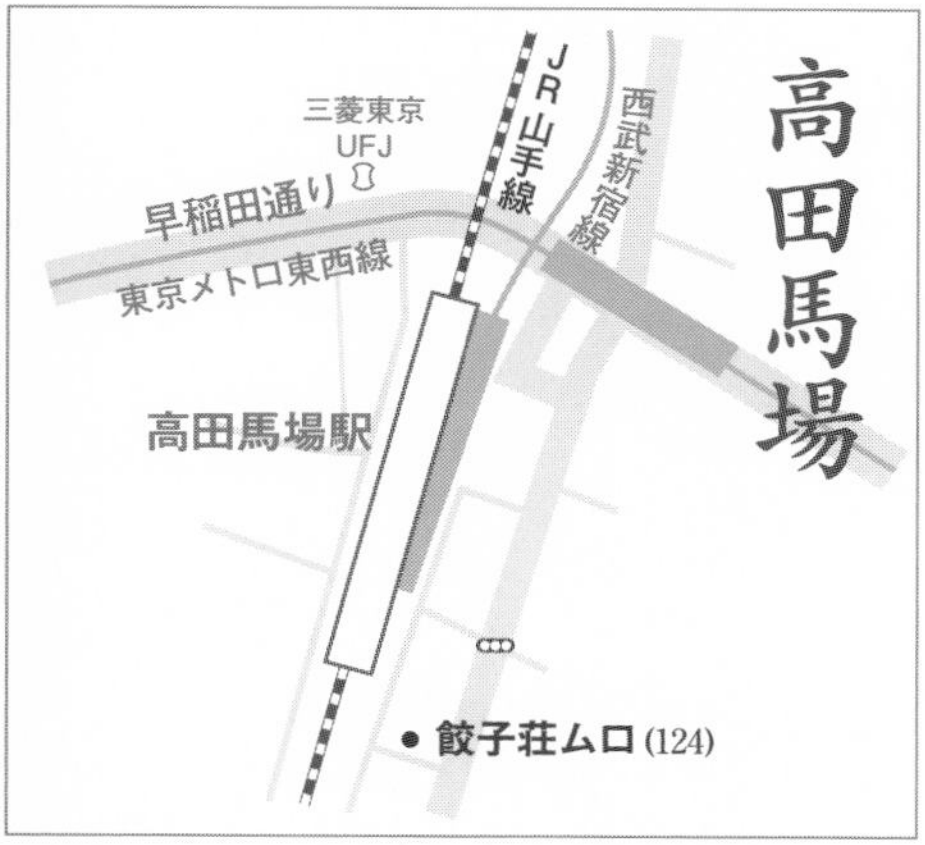
高田馬場
三菱東京UFJ
JR山手線
西武新宿線
早稲田通り
東京メトロ東西線
高田馬場駅
餃子荘ムロ (124)

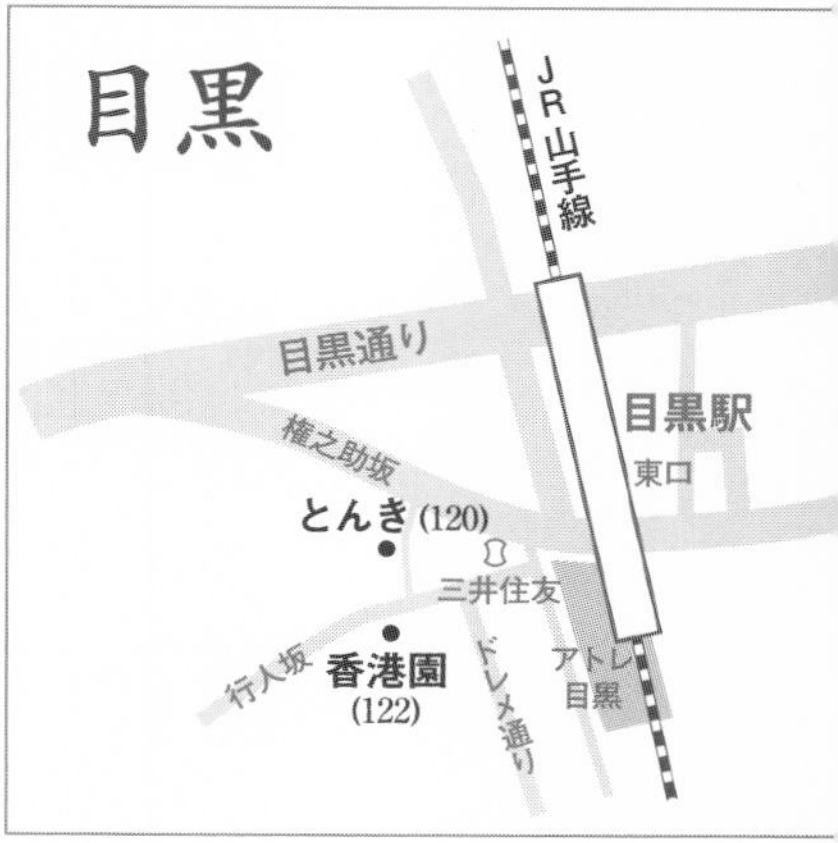
目黒
JR山手線
目黒通り
目黒駅
東口
権之助坂
とんき (120)
三井住友
香港園 (122)
行人坂
ドレメ通り
アトレ目黒

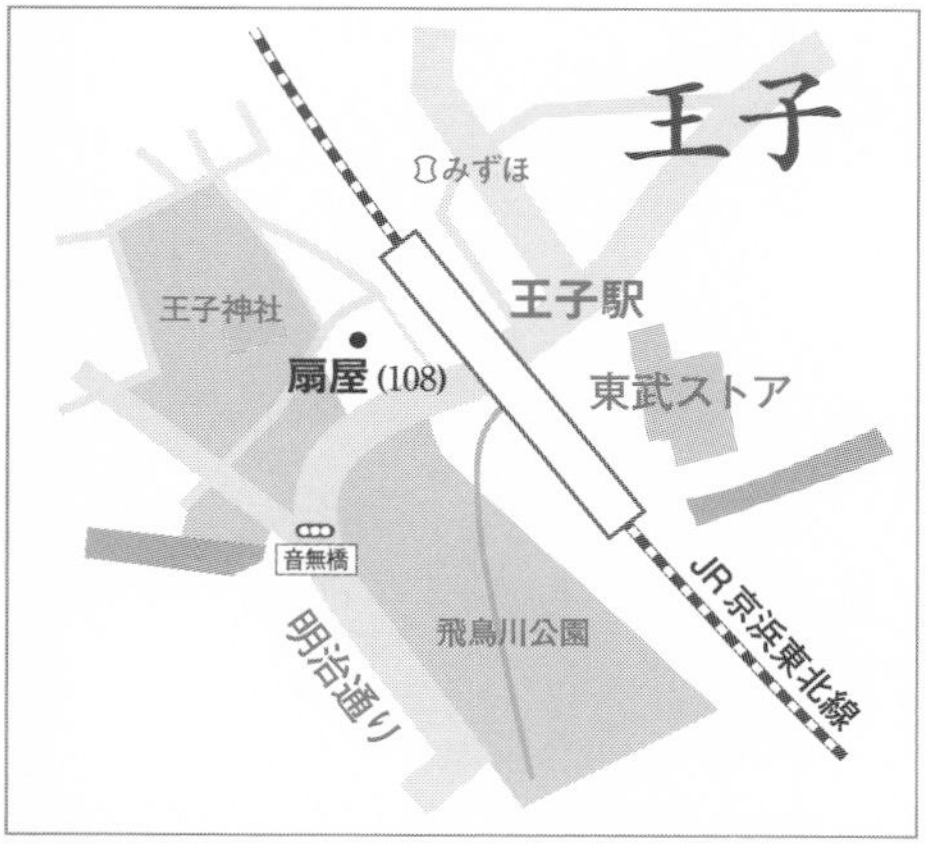
王子
みずほ
王子駅
王子神社
扇屋 (108)
東武ストア
音無橋
明治通り
飛鳥川公園
JR京浜東北線

中野坂上
塔の山公園
宝仙学園高
宝仙寺
山手通り
鮨与志乃 (126)
青梅街道
中野坂上駅
宝仙寺前
東京メトロ丸ノ内線

横浜
山下公園中央口
山下公園
ホテル・ニューグランド (138)
県民ホール前
産業貿易センター前
県立県民ホール
元町・中華街駅
象の鼻パーク
横濱税関
中華街東門
みなとみらい線
神奈川県警察本部
神奈川県庁本庁舎
ローズホテル横浜
南門シルクロード
上海路
開港道
広東道
中華街大通り
蓬萊閣 (134)
清風楼 (132)
日本大通り駅
本町２
三井住友
みずほ
みなと大通り
ベイスターズ通り
日本
中区役所
加賀町警察署北
中山路
チャイナスクエア
関帝廟通り
中華街市場通り
市場通り
徳記 (136)
関内大通り
関内桜通り
横浜公園
相生町一丁目
横浜公園
横浜スタジアム
みなと総合高
港中
中央病院前
西の橋
常盤町通り
パリ (140)
常盤町三丁目
尾上町一丁目
ハマスタ入口
中華街西門
馬車道
関内駅
JR根岸線
関内駅北口
関内駅
不老町
伊勢佐木町入口
横浜市営地下鉄ブルーライン
羽衣町一丁目
イセザキモール
国道16号線
吉田中
伊勢佐木長者町駅
城南信金
長者町七丁目
長者町五丁目
長者町三丁目
大通り公園
荒井屋本店 (128)
曙町二丁目北
若葉町３丁目
中郵便局前
蛇の目屋 (130)
曙町三丁目
小田原
小田原駅
東海道新幹線
小田急小田原線
JR東海道本線
三井住友
りそな
栄町一丁目
銀座通り
国際通り
弁財天通り
小田原郵便局前
だるま料理店 (142)
小田原城
小田原市民会館

松本
国道143号線
松本市
はかり資料館
女鳥羽川
中央大手橋
千歳橋
まるも
(226)
龍興寺
東急
伊勢町
松本
パルコ
瑞松寺
あがたの森通り
松本駅前
深志二丁目
宮村町
市民芸術館西
松本駅
全久院
まつもと
市民芸術館
JR中央本線
松本電鉄
松本駅前
記念公園

上田
大手通り
べんがる (220)
長野上田高
八十二
中央2
国道141号線
横町
松尾町
刀屋 (218)
中央1
上田駅お城口
上田駅
鷹匠町
上田電鉄
別所線

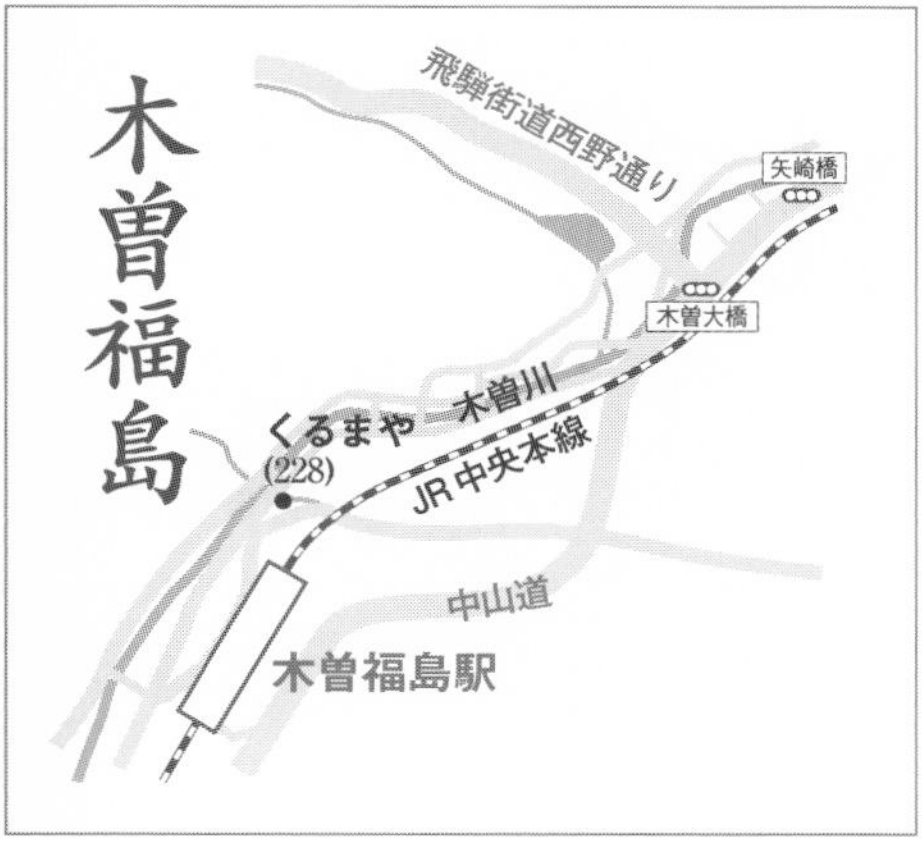
木曽福島
飛騨街道西野通り
矢崎橋
木曽大橋
くるまや
(228)
木曽川
JR中央本線
中山道
木曽福島駅

長野
善光寺
長野風月堂
(224)
五明館
(222)
大門
長野大通り
善光寺下駅
中央通り
権堂駅
長野県庁
昭和通り
新田町
長野電鉄
JR信越本線
国道19号線
市役所前駅
長野駅
裾花川
末広町

金沢
金沢駅
金沢駅通り
JR北陸本線
西門口前
六枚
武蔵
尾張町
南町
大友楼 (230)
百万石通り
金沢城公園
兼六園

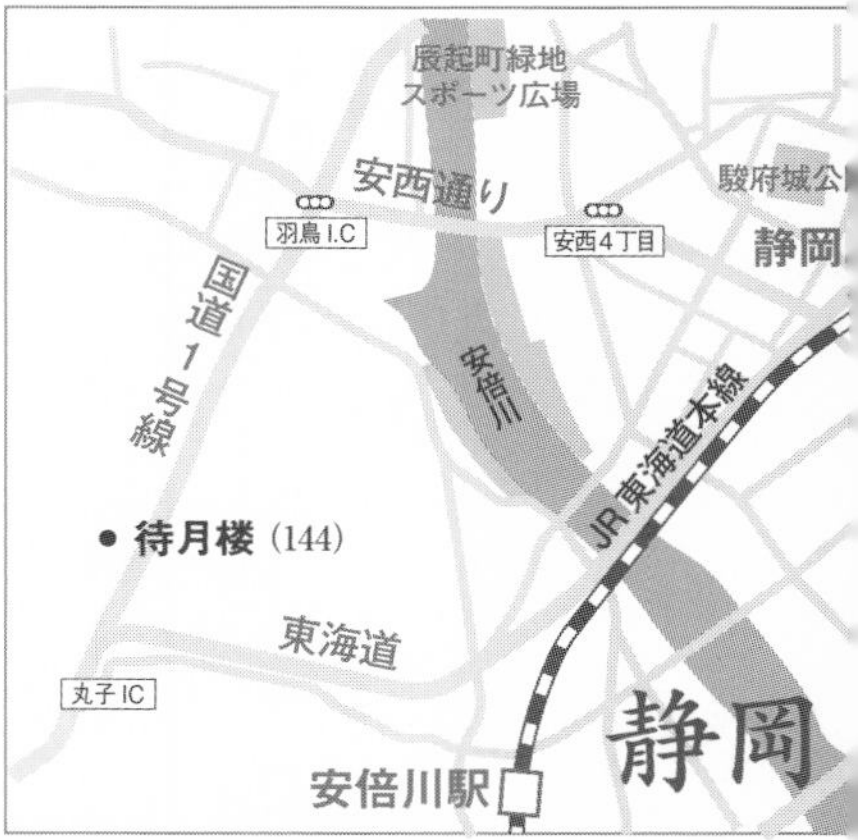
静岡
辰起町緑地
スポーツ広場
安西通り
駿府城公
羽鳥 I.C
安西4丁目
静岡
国道1号線
安倍川
JR東海道本線
待月楼 (144)
東海道
丸子 IC
安倍川駅

# 京都中心部
## 嵐山・奈良

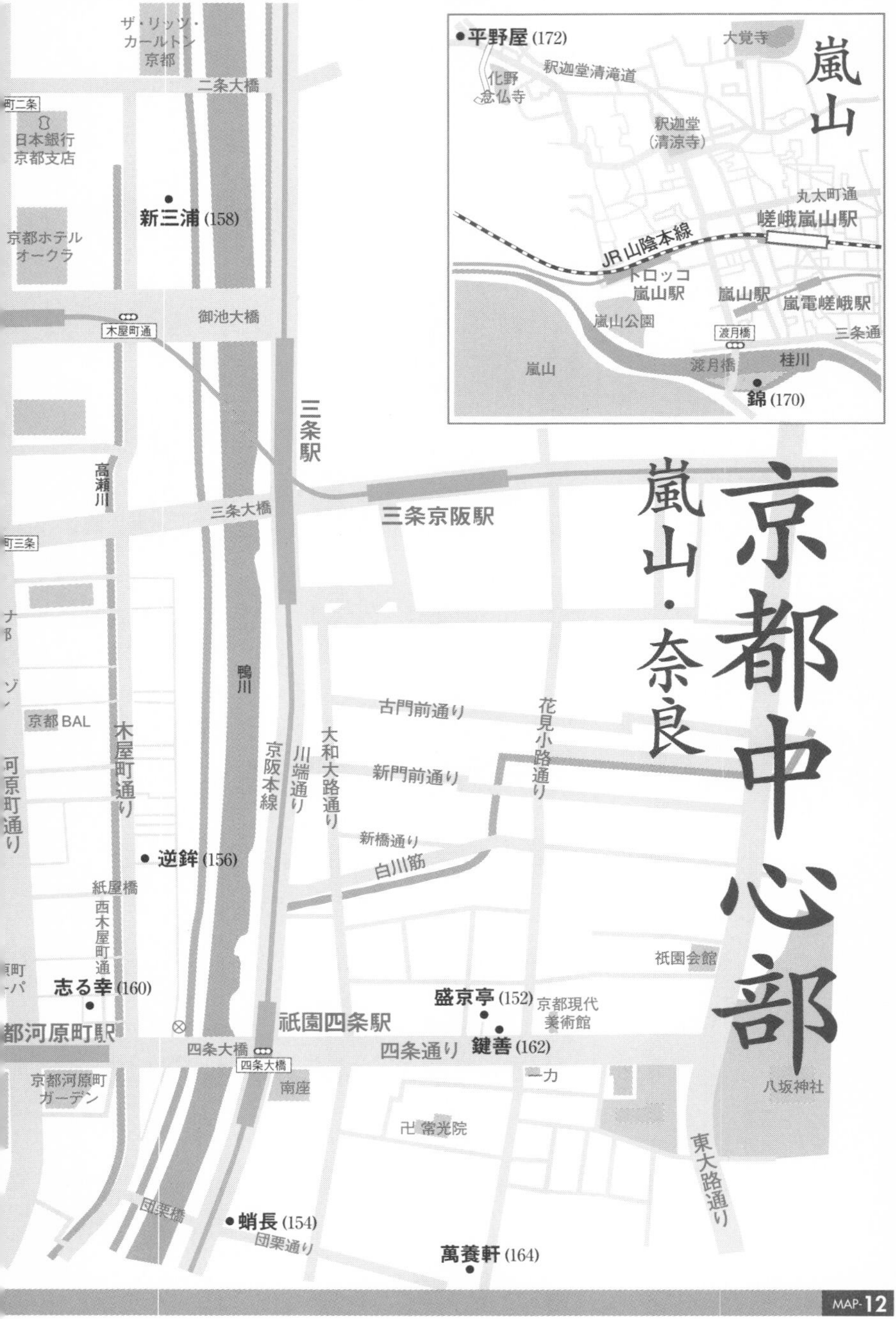

嵐山
平野屋 (172)
大覚寺
釈迦堂清滝道
化野
念仏寺
釈迦堂
(清涼寺)
丸太町通
嵯峨嵐山駅
JR山陰本線
トロッコ
嵐山駅
嵐山駅
嵐電嵯峨駅
嵐山公園
渡月橋
三条通
渡月橋
桂川
嵐山
錦 (170)
ザ・リッツ・
カールトン
京都
二条大橋
町二条
日本銀行
京都支店
新三浦 (158)
京都ホテル
オークラ
御池大橋
木屋町通
三条駅
高瀬川
三条大橋
三条京阪駅
町三条
鴨川
京都 BAL
木屋町通り
河原町通り
京阪本線
川端通り
大和大路通り
古門前通り
新門前通り
花見小路通り
新橋通り
白川筋
逆鉾 (156)
紙屋橋
西木屋町通
志る幸 (160)
都河原町駅
祇園四条駅
祇園会館
盛京亭 (152)
京都現代
美術館
鍵善 (162)
四条大橋
四条大橋
四条通り
一力
八坂神社
京都河原町
ガーデン
南座
常光院
東大路通り
団栗橋
蛸長 (154)
団栗通り
萬養軒 (164)

伊賀上野
伊賀上野公園
上野西小
丸之内
国道163号線
農人町
伊賀鉄道伊賀線
上野市駅
広小路駅
旧伊賀街道
金谷 (196)
銀座通り
旧大和街道
上行寺
妙昌寺
萬福寺

二条通り
村上開新 (166)
押小路通り
京都御池中
京都市役
京都市役所前
御池通り
地下鉄東西線
本能
姉小路通り
京都文化博物館
三条通り
烏丸三条
三井ガーデンホテル京都三条
モントレ京都
三嶋亭 (150)
MOVIX
イノダコーヒ (168)
京都サンボア (148)
六角通り
烏丸通り
東洞院通り
高倉通り
高倉小
堺町通り
柳馬場通り
富小路通り
麸屋町通り
御幸町通り
寺町通り
蛸薬師通り
錦小路通り
四条通り
阪急京都線
京都信金
藤井大丸
京都高島
綾小路通り

奈良
JR大和路線
焼門前
東大寺
奈良女子大
国道369号線
奈良県庁
油阪
県庁東
近鉄奈良駅
奈良公園
江戸三 (184)
奈良駅
やすらぎの道
奈良ホテル
JR桜井線
紀寺

京都北
上賀茂神社
鴨西通
神馬堂 (180)
御園橋西詰
上賀茂小
紫竹西通
船岡東通
大宮通り
堀川通り
玄以通
堀川玄以
玄琢下
紫野泉堂町
北山通り
紫竹栗栖町
北山大宮
堀川北山
北山大橋西詰
北山駅
府立植物園
賀茂川
京都府立大学
今宮通
堀川今宮
今宮神社
一和
かざりや
(182)
ビブレ
北大路駅
佛教大学
大徳寺
烏丸北大路
北大路新町
大谷大学
北大路通り
大徳寺前
堀川北大路
京都教育大付属京都小中
烏丸紫明
船岡山公園
堀川紫明
出雲路橋西詰
鞍馬口駅
鞍馬口通り
千本鞍馬口
大本山妙蓮寺
茶道資料館
地下鉄烏丸線
千本寺之内
堀川寺之内
相国寺
千本通り
京都市考古資料館
今出川駅
今出川通り
同志社大学
千本今出川
堀川今出川
西陣織会館
雲月
(178)
京極小
烏丸通り
堀川通り
河原町通り
七本松通り
六軒町通
中立売通り
猪熊通り
黒門通
寺町通り
千本中立売
堀川中立売
上長者町通り
下長者町通り
大市 (174)
下長者町通り
萬亀楼 (176)
京都御苑
京都府庁
出水通り
荒神口
卍光清寺
下立売通り
堀川下立売
烏丸下立売
丸太町通り
千本丸太町

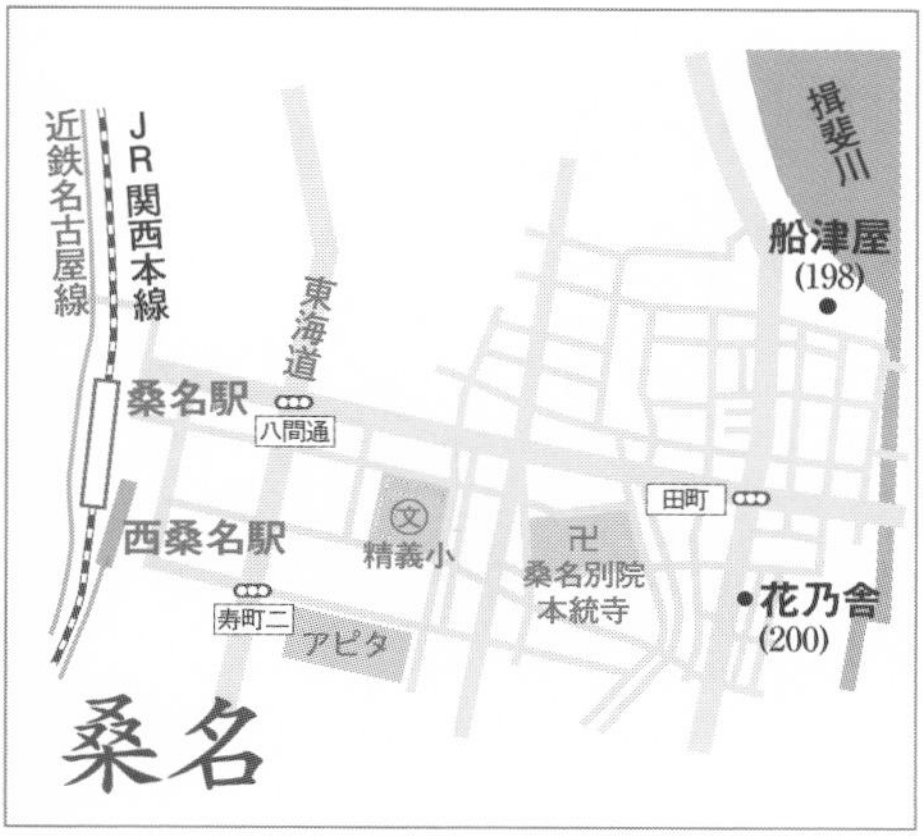
桑名
近鉄名古屋線
JR関西本線
揖斐川
東海道
船津屋
(198)
桑名駅
八間通
西桑名駅
精義小
卍
桑名別院
本統寺
田町
寿町二
アピタ
花乃舎
(200)

大阪南
御堂筋
心斎橋筋
堺筋
道頓堀橋南詰
戎橋
道頓堀川
相合橋
大黒 (188)
たこ梅 (192)
MEOUTOビル
夫婦善哉 (186)
千日前通
地下鉄御堂筋線
戎橋筋
ビックカメラ
近鉄日本橋駅
なんば駅
重亭 (190)
なんばマルイ
高島屋

多度
JAみえきた
養老鉄道
大黒屋 (202)
多度中小
多度川
多度体育
センター
多度駅
小山

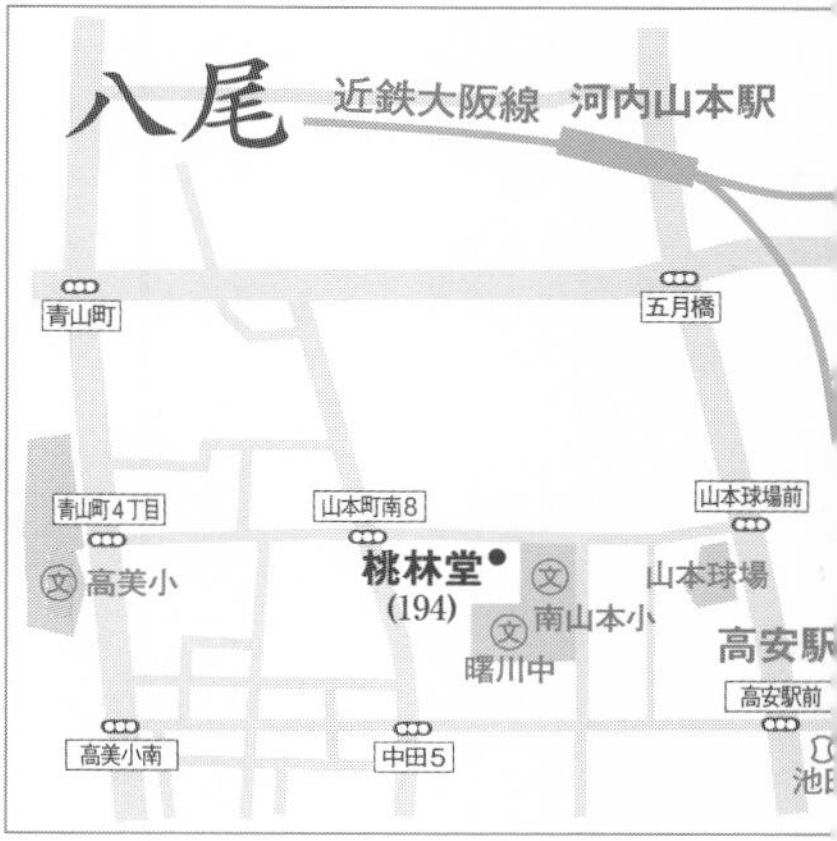
八尾
近鉄大阪線
河内山本駅
青山町
五月橋
青山町4丁目
山本町南8
山本球場前
高美小
桃林堂
(194)
南山本小
曙川中
山本球場
高安駅
高安駅前
高美小南
中田5

飛騨高山
JR高山本線
卍
高山別院
照蓮寺
宮川
安川
鍛冶橋
国分寺通り
国分寺東
鍛冶橋
恵比寿本店
(216)
高山駅
本町通り
駅前中央通り
照蓮寺卍

飛騨古川
JR高山本線
飛騨古川駅
JAひだ
卍
円光寺
大横丁通り
十六
宮川
卍
真宗寺
卍
本光寺
荒城川
蕪水亭 (214)
千代の
松原公園

名古屋
JR東海道本線
タカシマヤ
名古屋駅
下広井町
笹島
名古屋高速都心環状線
柳橋
名駅南三丁目
宮鍵 (208)
国際
センター駅
天王崎橋
納屋橋西
木挽町通
堀川
栄小
ヒルトン
ホテル
仲ノ町
公園
名古屋
観光ホテル
下園
公園
御園小
御園通
御園座
大甚 (210)
丸の内駅
伏見通り
若宮南
広小路伏見
日銀前
地下鉄鶴舞線
伏見駅
大須
観音駅
白川公園
鯛めし楼 (204)
三井住友
名古屋市
科学館
長島町通
名古屋市
美術館
百老亭 (206)
名古屋高速2号東山線
赤門通本町
大須西通
若宮大通
本町通
広小路通
綿通
地下鉄東山線
桜通
地下鉄桜通線
呉服町通
名古屋
パルコ
大津通
メルサ
三越
久屋大通駅
テレビ塔
広小路久屋西
栄町駅
オアシス21
中区役所
東急
ホテル
東桜小
富士中
空港線
東新町
高岳
名古屋高速
都心環状線
高岳駅
広小路新栄一
宗圓寺
広小路葵
駅前グリーンロード
八日市駅
浜野町
御代参街道
近江鉄道水口・蒲生野線
ホテル
ルートイン
招福楼
(212)
延命公園
滋賀